Édith AUGRIT-ROCHE - Samuel THOUROUDE

COMMENT **REPRENDRE** UNE **ENTREPRISE** EN TOUTE **SÉRÉNITÉ** AVEC **AGILITÉ** !

LE Guide des **Entrepreneurs,** destiné à ceux **qui agissent** !

En **cadeau** pour VOUS, à l'intérieur :
🎁 Vos 3 **BONUS** de **Réussite** !

« Que votre dynamique soit porteuse d'énergie positive et constructive !

Que cette énergie positive et constructive soit toujours empreinte d'Humanité, vraiment !

Puissiez-vous vivre le meilleur dans votre nouveau Chapitre de Vie !

Soyez déterminé, Osez et Croyez en vous : Créez votre propre Légende ! »

STARE©

LE Guide des Entrepreneurs est votre compagnon de route qui vous accompagnera tout au long de votre lecture.

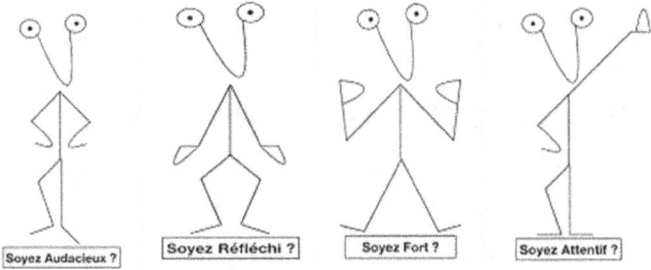

Soyez Audacieux ?   Soyez Réfléchi ?   Soyez Fort ?   Soyez Attentif ?

SOMMAIRE

AVANT-PROPOS

Combien parmi vous, qui souhaitez-vous engager dans la reprise d'une Affaire, parviennent à franchir le cap ?

L'envie, l'ambition et l'objectif de vouloir travailler pour soi vous portent, et pourtant ! C'est comme s'il manquait un ingrédient, celui qui vous fera passer du souhait à sa concrétisation.

Des conseils bien souvent hasardeux et pas toujours heureux, des recherches sur le Web pas toujours probantes et bien souvent déroutantes, des démarches administratives bien fréquemment pesantes et bloquantes : vous ne savez pas où donner de la tête. Par où commencer, comment s'y prendre, à qui demander conseils et soutien ?

Voici LE Guide des Entrepreneurs destiné à toutes les personnes, de 18 à 65 ans, femmes et hommes, du novice à l'expert, qui ambitionnent de reprendre une Entreprise, une Exploitation, un Service.

Vous souhaitez vous lancer ?

Vous possédez les capacités et les ressources pour entreprendre ?

Vous, personne de projet et de talent, aspirez à l'efficacité et à l'essentiel ?

Vous, Chef d'Entreprise, futur Entrepreneur, aspirez à vous (re)lancer sur un nouveau projet ?

LE Guide des Entrepreneurs va vous aider !

Il s'agit d'un procédé clair et simple qui va vous mener jusqu'à la reprise de votre future Affaire.

Le premier facteur que vous prendrez en compte dès le moment où l'idée jaillit en vous, est le temps.

Le temps nécessaire à la reprise d'une Affaire variera en fonction de votre situation personnelle et professionnelle. Vous pourrez développer votre projet, aussi bien en cours d'activité qu'en situation de recherche d'emploi.

Vos conditions de disponibilité, qui ne seront pas les mêmes, affecteront de ce fait, la durée de votre reprise d'une Affaire.

Ainsi, depuis la conception du projet jusqu'à sa concrétisation, pourra s'écouler une période de huit à dix-huit mois.

Étape par étape, vous découvrirez comment procéder à la réalisation et au montage financier de votre Affaire, quelles personnes et quels services contacter, quels documents à réaliser et à fournir, quels comportements et quelles modalités d'échanges adopter face aux Cédants et face aux Banquiers et bien d'autres astuces encore !

LE Guide des Entrepreneurs vous soulagera dans TOUTE l'organisation et le suivi administratif de votre projet. Il vous permettra de vous focaliser exclusivement sur la reprise et sur le développement de votre future Affaire.

Expertise N°1 : Préparez de manière juste et adaptée les conditions de la reprise de votre future Affaire afin de l'optimiser.

Lancez-vous dans une aventure humaine incroyablement simple, extrêmement généreuse et enrichie des expériences respectives des auteurs.

Avec simplicité, sérénité et plaisir, vous appréhenderez la manière dont vous fonctionnez et réagissez, vous préciserez avec délice ce à quoi vous aspirez, vous vous surprendrez à changer pour votre mieux-être et vous découvrirez combien il est simple de vous réaliser, dès lors que vous alignerez votre pensée, vos paroles et vos actions !

Cet ouvrage est celui de deux experts, Édith Augrit-Roche et Samuel Thouroude.

Ils co-produisent aujourd'hui, liés par leur approche systémique de l'Humain et mus (émus !) par leur but commun d'aider et d'accompagner son prochain.

À partir de l'expérience en temps réel de Samuel Thouroude, ils corédigent un mode opératoire basé sur leur approche de Coach spécialisé en Neurosciences Motivationnelles.

Leur challenge au quotidien ? S'activer passionnément à rendre chacun plus heureux et meilleur !

Soyez Fort ?

🎁 BONUS 1

Votre T.E.M.P.S.

Triez vos idées !
Écoutez-vous ?
Maîtrisez vos Émotions !
Projetez-vous ?
Soyez-vous même !

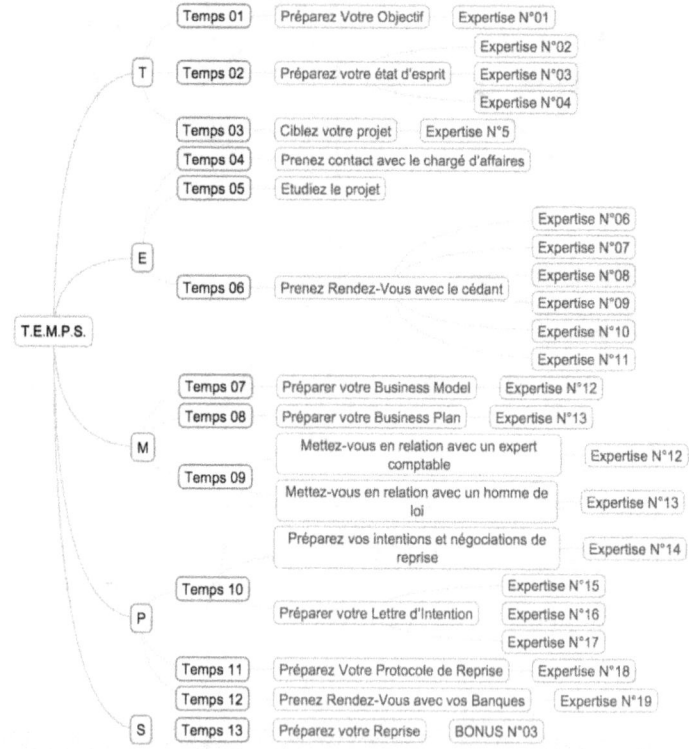

Ce Bonus vous propose d'organiser votre temps tout au long de la conduite de votre projet.

Vous devenez plus que jamais le maître de vos horloges.

Le temps représente un milieu infini dans lequel se succèdent les évènements.

Votre temps sera l'espace dans lequel vous allez évoluer et œuvrer à l'aboutissement de votre projet.

Vous aurez à gérer votre temps, afin d'articuler au mieux toutes vos actions, au fil des étapes.

Cela signifie que :

Vous prendrez le temps de faire le point sur vous.

Vous vous engagerez à prendre le temps de chercher.

Vous déciderez de vous accorder du temps pour patienter.

Vous choisirez le moment pour passer à l'action.

Triez vos idées : ceci vous permettra de vraiment faire le point sur ce que vous pensez et sur ce que vous voulez atteindre.

Votre manière d'utiliser votre temps vous permettra de construire votre objectif sur des fondations saines et solides.

Votre état d'esprit sera le moteur de vos réalisations.

Un état d'esprit positif, ambitieux, créatif, constructif, renforcera votre gestion du temps lors de vos choix quant à l'orientation de vos recherches et lors de votre contact avec le Chargé d'Affaires.

<u>Écoutez-vous</u> : prenez contact avec vos émotions, écoutez-les, apprivoisez vos peurs et décidez les actions à poser pour avancer sereinement, sans perdre de temps.

Prenez le temps de bien comprendre vos propres fonctionnements, afin de réussir votre première rencontre avec le Cédant.

<u>Maîtrisez vos émotions</u> : ce sera votre atout tout au long de votre travail sur votre Business Model et votre Business Plan.

Vos idées claires et votre sérénité vous guideront sagement dans vos projections dans le temps.

<u>Projetez-vous</u> : dès lors que vous vous serez engagé dans une dynamique positive de réussite et dans une régularité de travail, votre concentration vous permettra de vous projeter. Vous vous projetterez aisément dans l'atteinte de votre objectif en traversant toutes les étapes et en honorant les rendez-vous avec chacun de vos interlocuteurs.

<u>Soyez vous-même</u> : plus vous avancerez dans votre projet, plus vous serez face à vous-même.

L'acte de reprendre une Affaire représentera pour vous le moment à partir duquel vous incarnerez qui vous aurez souhaité devenir durant tout le temps de votre projet, étape après étape.

Le temps de vous faire face vous appartient.

Osez être vous-même !

Intégrez l'importance de gérer votre temps.

Respectez le temps qui vous est imparti, c'est-à-dire le temps que vous vous octroyez.

Le temps est votre allié.

Transformez-le en force.

Il traduira votre compétence de Dirigeant visionnaire.

Tous les Chefs d'Entreprise savent combien le temps est précieux !

Le temps permet :

> D'anticiper un problème
> De décortiquer un problème
> De trouver les solutions à un problème
> De mettre les barrières pour éviter de reproduire un problème
> De gagner de l'argent.

Soyez humble avec le temps, respectez-le, valorisez-le !

C'est ainsi que :

> Vous gagnerez en humilité
> Vous serez respecté
> Vous atteindrez votre objectif !

🎁 BONUS 2

Les 10 Astuces de l'E.F.F.I.C.A.C.I.T.É.

Être Mobile
Faire un Business Model
Faire un Business Plan
Intégrer son CV
Créer une Lettre de Confidentialité
Avoir une Fiche de Cadrage
Choisir les Sites Référents sur le Web
Instaurer des déplacements
Travailler sa Lettre d'Intention
Élaborer son Protocole de Reprise/Cession

Être Mobile : « le business ne vient pas à vous, c'est vous qui devez aller vers le business ! ». Allez au-devant des offres, sortez voir ce qui se passe au-delà du seuil de votre porte ! Reprendre une Affaire nécessite une mise en mouvement !

Faire un Business Model (BM) : Le BM est un support qui permet de visualiser votre future Affaire à 3,5,7 et 10 ans. Le BM se décline à travers des plans d'actions commerciaux pour chaque période. Un BM bien défini favorisera vos prises de décision au quotidien pour œuvrer et tendre à sa réalisation. La singularité du BM lui permet d'évoluer, de se modifier chaque année, au rythme des mutations économiques, financières et/ou environnementales.

Faire un Business Plan (BP) : Un BP est un support qui permet d'envisager à moyen terme la santé financière de votre activité. Mis à jour régulièrement, le BP est un outil de prise de décisions stratégiques en termes d'investissement ou de développement. Le BP permet, dans le cadre d'une reprise, de présenter les éléments financiers aux banquiers pour négocier et/ou relever des fonds.

Intégrer son Curriculum Vitae (CV) : Le CV est un moyen pour chacun de vos interlocuteurs (Banquier, Chargé d'Affaires, ...), de cerner qui vous êtes, à la lecture de votre parcours professionnel, d'appréhender vos compétences et vos centres d'intérêts. Le CV favorise une mise en adéquation de ce que vous voulez faire avec qui vous voulez devenir. Mettez en avant vos atouts, vos talents et vos compétences.

Créer une Lettre de Confidentialité (LC) : La LC est un acte écrit qui vous engage auprès d'un Organisme ou d'une Entreprise, sur le caractère confidentiel des données chiffrées ou non et des échanges que vous pouvez avoir avec eux sur un projet. La LC est toujours signée par le demandeur.

Avoir une Fiche de Cadrage (FC) : La FC est couramment utilisée auprès des différents organismes avec qui vous traitez dans le cadre de votre recherche de reprise d'Affaire. Complémentaire au CV, la FC mentionne des informations plus personnelles telles que l'orientation essentielle de votre motivation, le type de projet que vous recherchez, l'Élément Humain, vos apports matériels, etc...

Choisir les Sites Référents sur le Web : Il existe un certain nombre de sites gratuits ou non sur le Web. Avant de vous engager sur des sites payants, regardez ce qui existe sur le marché de la reprise, quelles sont les Affaires à reprendre. Vous discernerez ainsi l'opportunité de les consulter.

Instaurer des déplacements : Dès lors qu'un ou plusieurs projets de reprise suscitera votre intérêt, le temps sera venu pour vous de prévoir et d'organiser des visites sur site. Préparez-vous au fait de vivre des variations quant à l'(in)adéquation entre l'annonce postée, les chiffres analysés de l'Affaire, la visite du site et la Région dans laquelle il est implanté.

Travailler sa Lettre d'Intention (LI) : La LI est un acte écrit qui vous engage non seulement dans les négociations mais aussi contractuellement avec le Cédant selon des conditions suspensives. Lorsque qu'une LI est signée par les deux parties, cela signifie qu'une cession peut être réalisée sous quelques semaines voire quelques mois.

Élaborer son Protocole de Reprise/Cession (PR/C) : Le Protocole de Reprise/Cession, appelé aussi « Compromis de Vente », est un acte écrit et rédigé par un notaire ou un juriste. Il est initié par le Vendeur. On y retrouve un certain nombre d'informations de la LI. Le PR/C précise et détaille la manière dont se déroulera la cession jusqu'à la reprise de l'Affaire par le repreneur.

Ces 10 astuces de l'E.F.F.I.C.A.C.I.T.É. constituent le socle d'une formation complète qui vous permettra de vous lancer dans le monde de l'Entreprenariat et de reprendre une Affaire sereinement, avec agilité, c'est-à-dire sans perdre de temps et surtout sans perdre d'argent.

Nous avons transformé les 10 astuces de l'E.F.F.I.C.A.C.I.T.É. en supports pédagogiques originaux, ceux qui ont permis à Samuel Thouroude d'atteindre son objectif de reprise d'une Entreprise.

Samuel Thouroude les a façonnés au fil du temps.

Ils sont le reflet exact du vécu de son expérience.

Ces supports pédagogiques renforcent le programme de formation en ligne, tirée de cet ouvrage. Cette formation en ligne s'articule autour de modules audio et vidéo et met à votre disposition des outils adaptés.

Grâce au Guide des Entrepreneurs, vous développerez et vous atteindrez l'autonomie, la Sérénité, l'Agilité et l'efficacité, indispensables au montage de vos dossiers administratifs lors de la reprise de votre future Affaire.

LE Guide des Entrepreneurs vient de piquer votre curiosité et vous souhaiteriez en savoir plus sur cette formation ?

Rejoignez-nous sur le site : www.commentreprendreuneentreprise.com ou sur notre page www.facebook.com/leguidedesentrepreneurs/

🎁 BONUS 3

Le Savoir-Être du Dirigeant : son Identité, sa Mission

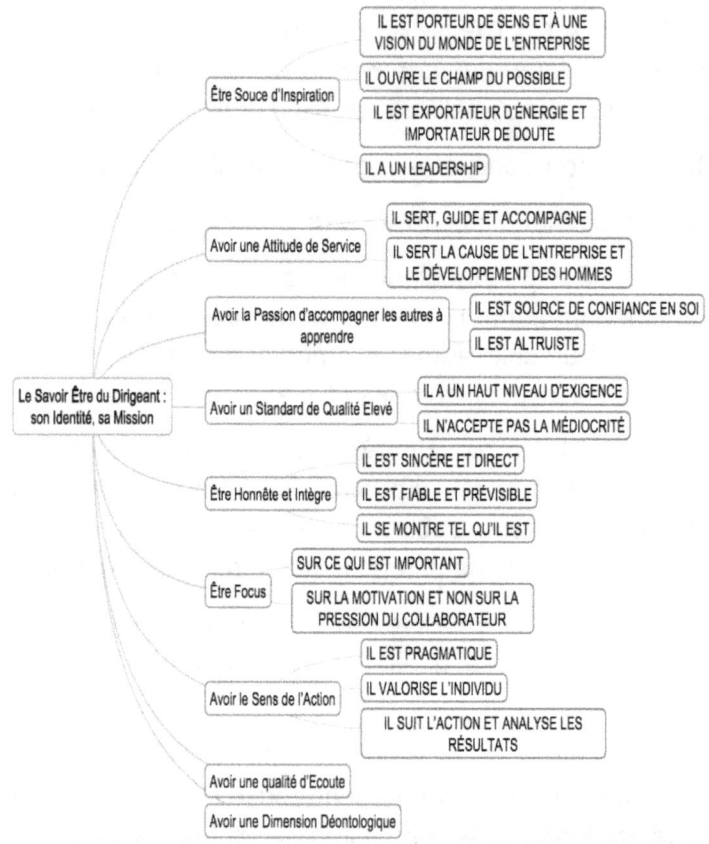

Le Savoir-Être représente à la fois l'Identité et la Mission du futur Dirigeant qui germe en vous !

Vous êtes une personne neuve en devenir dès lors que vous vous lancez dans le projet de reprendre une Entreprise !

Votre Identité en devenir, vous allez la tailler dans le diamant de votre personnalité, tout au long de votre projet.

Ce projet est porteur de sens pour vous, c'est pour cela que vous êtes motivé pour atteindre votre objectif.

Vous allez donc voir évoluer votre environnement, passer en revue vos comportements, vos capacités, mettre en place des apprentissages, prioriser vos valeurs dans ces nouvelles étapes de votre vie, changer vos représentations mentales.

Vous deviendrez une personne neuve, celle qui correspond à vos choix au fil des étapes de votre projet.

Et cette nouvelle identité s'étoffera en regard de la Mission que vous poursuivrez, c'est-à-dire en fonction du sens que vous accorderez à votre nouvelle vie.

Votre Savoir-Être de futur Dirigeant :

> Vous permettra de devenir qui vous choisissez et décidez de devenir.
> Vous permettra de vraiment vivre ce que vous choisissez et décidez de vivre.
> C'est la nature de votre intention, celle avec laquelle vous poserez vos actions et celle avec laquelle vous vous comporterez dans le temps,

qui donnera sa teinte et sa saveur à votre Identité.

C'est la nature de votre intention, celle qui vous orientera dans une direction précise, qui donnera leur sens à vos décisions, qui donnera leur sens à vos orientations et qui conférera sa structure à votre Mission.

Pour devenir Dirigeant, posez les intentions adaptées, travaillez et croyez en vous !

Le futur Dirigeant que vous êtes possède déjà tous les ingrédients pour se réaliser.

Il vous revient de les assembler de manière à produire un résultat empli d'harmonie, de joie, de bien-être.

Votre Savoir-Être de Dirigeant sera le fruit de vos convictions, de vos réflexions, de vos actions.

Votre singularité de futur Dirigeant dépendra également de votre capacité à puiser dans votre Intelligence Émotionnelle les Compétences Émotionnelles adaptées à chacune des situations que vous vivrez.

Vos interactions empreintes de votre capacité à exprimer verbalement et non verbalement vos Émotions et vos ressentis, vous permettront de vous affirmer avec assertivité, authenticité, intégrité.

Assumer votre identité de Chef d'Entreprise dépendra de vous et de vous seul.

Anticipez et réfléchissez dès maintenant à la nature de la place que vous devez occuper.

Prendre sa place est important.

Cela nécessite de s'y préparer en s'interrogeant :

De quelle place s'agit-il ?

Où devez-vous être ?

Quel espace devez-vous être pour que votre vie soit harmonieuse ?

Où se situe votre place dans cet espace ?

Quelle énergie devez-vous être pour assumer votre place ?

Quelle conscience devez-vous être pour que vous assumiez avec enthousiasme qui vous serez devenu ?

Comment exercerez-vous la Direction de votre Entreprise dans cette place ?

Au final, gardez à l'esprit que l'humilité que vous acquerrez sera le fruit de toutes vos réflexions.

L'humilité, c'est être à sa place.

Où se trouve votre place ?

LES AUTEURS

Samuel Thouroude est né en 1970 en Normandie, il est père de deux enfants. Il dirige dès l'âge de 30 ans plusieurs Entreprises. Autodidacte, ce fils d'ouvrier se forge un caractère de battant au contact des dirigeants et des cadres supérieurs qu'il côtoie tout au long de sa jeunesse.

Depuis son enfance, il baigne dans une ambiance relationnelle qui lui permet très tôt de comprendre l'existence de deux mondes : celui des dirigeants et celui des dirigés.

Samuel prend conscience des contrastes de vie entre les deux. Il comprend vite ce qu'il ne veut pas et il choisit rapidement le camp qu'il veut rejoindre.

L'idée de devenir Chef d'Entreprise se forge progressivement dès l'âge de 10 ans. Il y a juste un détail, de taille : Samuel ne possède AUCUN diplôme, pas le BEPC, encore moins le BAC. Ce « boulet » comme il le nomme, il décide de le transformer en essai, pulvérisé par l'envie irrésistible de vivre ses envies. De 20 à 30 ans, Samuel vit une période d'« incubation », de latence, il se frotte aux exigences de la vie, il mûrit, il se forge une personnalité qui l'amène naturellement à sa vocation : diriger.

Fort d'une expérience professionnelle riche et variée de 17 années dans l'Entreprenariat, il s'est donné les moyens de vivre une belle épopée : d'inexpérimenté à expérimenté, d'échecs en réussites, des larmes aux joies, des insomnies au sommeil réparateur, du stress à la quiétude, de l'anonymat à la notoriété, de la désillusion à l'enthousiasme...

Toutes ces amplitudes émotionnelles lui ont permis de se construire, de progresser et surtout de s'améliorer !

Il articule ses expériences autour de la gestion de la Ressource Humaine, des relations Humaines, de la gestion de projet et de la gestion d'Entreprise.

Sa mission est d'accompagner les Dirigeants, les Chefs d'Entreprise, les Entrepreneurs et les Auto-Entrepreneurs dans leurs nouveaux projets. Expert en accompagnement et conseil en stratégie d'Entreprise, il vous emmène vers votre nouvel objectif !

L'apprentissage constant s'est invité dans la vie de Samuel qui choisit et décide de se développer en continu sur le plan personnel.

Samuel s'engage dans le développement personnel. Il est Coach et Master Coach Spécialisé en Neurosciences Motivationnelles.

Professionnel et intègre, connecté à son environnement, Samuel dirige aujourd'hui une TPE.

Édith Augrit-Roche est née en 1963 en Savoie. Elle est Mère de 2 enfants. Infirmière, Cadre de Santé, puis Responsable de la Coordination des Soins, elle évolue pendant 27 ans, dans le monde de la Santé.

Fille d'agriculteurs, Edith grandit dans un cadre familial simple dont les valeurs premières sont le travail, l'humilité et le respect. Dans une ambiance saine et chaleureuse qui caractérise le monde paysan savoyard, elle se forge un état d'esprit de battante qui s'implique et qui s'engage pleinement dans tout ce qu'elle entreprend.

Elle s'appuie sans compter sur son énergie inconsciente qu'elle croit inépuisable, pour développer son âpreté au travail et vivre avec passion chaque moment que la vie lui offre. Jusqu'au jour où elle constate avec amertume l'érosion de sa gestion émotionnelle, l'effondrement de sa motivation, la fonte de ses forces, la perte de sens de son quotidien.

En 2015, ce déséquilibre qui s'est insidieusement invité dans ses domaines de vie, se traduit par un Burn Out. Clouée au sol, une seule question la taraude, alimentée par ses peurs, sa fatigue intense, son désarroi et sa quête de sens : « qu'est-ce que je fais de cela ?».

Elle choisit et décide de s'accorder TOUT le temps nécessaire et d'activer TOUS les moyens possibles pour recharger ses batteries sur les plans physique, émotionnel, mental, intérieur.

La vie continue, en conscience cette fois-ci !

Passionnée depuis toujours par l'Humain, Edith choisit et décide de s'engager dans la formation de Coach puis de Master Coach Spécialisée en Neurosciences Motivationnelles.

Boostée par ses nouveaux apprentissages, avide d'en savoir plus, elle choisit de s'équiper de nouveaux outils pour enrichir ses accompagnements : Hypnose Avancée, Access Bars, Quantum Touch.

Engagée dans un processus de développement personnel et passionnée des comportements Humains, Édith propose aujourd'hui un programme spécifique d'accompagnement aux personnes vivant de profonds changements dans leur vie personnelle et professionnelle.

Ses alliages subtils de techniques de coaching à des pratiques énergétiques puissantes offrent aux personnes qu'elle accompagne la possibilité de :

> Se recharger physiquement
> Redémarrer dans la vie avec une énergie positive
> Retrouver leur confiance en elles
> Vivre avec Joie
> Retrouver leur enthousiasme et leurs en-vies
> Se réaliser pleinement.

Sa passion, sa raison d'être : aider et accompagner inconditionnellement, avec bienveillance et efficacité celle ou celui qui lui en manifeste le besoin.

LA CHARTE DE STARE©

STARE°

Créez votre propre Légende ! °

Les Fondements de notre Culture d'Entreprendre

- **Synergie** : Nous faisons partie de ceux qui **Agissent** ! La somme de nos **Compétences** détermine la **Valeur** de notre **Entreprise** !

- **Temps** : C'est l'**Essence Ciel** de notre **Existence**. C'est le moment compris entre un début et une fin, dans lequel nous **Choisissons d'Être** des acteurs conscients.

- **Action** : Réalisée en pleine **Conscience**, l'action est une démarche qui nous **Apprend** et qui nous **Libère** !

- **Réalisation** : Cette pratique nous permet de concrétiser nos **Choix** et de tendre à l'**Excellence** ! Elle devient l'**Accomplissement** de Soi !

- **Énergie** : **Synergie** du **Temps** et de l'**Action**, l'**Énergie** permet la **Réalisation** et enrichit au fil du Temps notre approche **Humaniste** !

Samuel Thouroude :

« La meilleure façon de prédire l'avenir, c'est de le créer ».

P.Drucker.

Édith Augrit-Roche :

« Nous sommes le produit de nos actes et l'addition de nos rêves ».

A.S.Massoud.

INTRODUCTION

Bienvenue à vous, futurs Dirigeants, Entrepreneurs dans l'Âme !

Il semblerait aujourd'hui que prétendre à cette légitimité nécessite dans notre inconscient collectif, d'avoir passé avec brio les plus durs Concours dans les plus prestigieuses Grandes Écoles de France.

Certes, le bagage qui y est dispensé reste un allié de choix dans la vie professionnelle de chacun, le sujet ici n'est pas de le remettre en question.

LE Guide des Entrepreneurs a pour vocation de dire à tous ceux et celles, ayant ou pas, suivi le cursus de la « Voie Royale », qu'ils peuvent prétendre à exprimer leurs talents de Chef d'Entreprise, s'ils le souhaitent vraiment.

Vous savez bien que tous les étudiants des Grandes Écoles ne deviennent pas Patrons et que de nombreux Patrons ne sont pas issus de ces mêmes Écoles.

Comment expliquer cela ?

LE Guide des Entrepreneurs observe un Point-Clé, commun à toutes les situations, quelle que soit la personne concernée, l'objet de l'acquisition, l'importance de son activité.

Ce Point-Clé, LE Guide des Entrepreneurs le considère comme incontournable dans le cadre d'une reprise d'Affaire : il s'agit de la motivation à vouloir Entreprendre.

La motivation, c'est votre carburant, votre énergie.

Elle apparaît dès lors que vous répondez à vos besoins profonds, elle se nourrit du sens que vous accordez aux décisions que vous prenez et aux actions que vous posez, elle vous emmène loin, très loin, dès lors que vous la nourrissez d'émotions positives, dans le respect de vos valeurs.

La motivation fait que vous vous levez chaque matin avec Joie et en-vie, elle vous aide à persévérer chaque jour un peu plus, jusqu'à l'atteinte de votre objectif.

Expertise n°2 : Connectez-vous à et croyez en vos envies, c'est ainsi que vos défis révèleront votre vrai potentiel.

Le fait de mobiliser intérieurement toutes vos forces déterminera aujourd'hui ce que vous vivrez demain !

LE Guide des Entrepreneurs vous invite dès maintenant à commencer par vous voir tel que vous êtes.

Demandez-vous si ce que vous montrez de vous à l'extérieur correspond à ce que vous voyez à l'intérieur de vous :

> Montrez-vous une personnalité de façade érigée par vous-même sur les bons conseils de votre entourage ?
> Osez-vous être vous-même avec vos talents et vos différences ?

Prenez le temps de répondre à ces questions, vous ressentirez ainsi :

La manière dont vous vous assumez.
La manière dont vous incarnez les actions dans lesquelles vous vous engagez.

Soyez vous-même : vous gagnerez du temps et de l'argent !

Dans le cadre de la reprise de votre future Affaire, la singularité que vous incarnerez en montrant et en assumant qui vous êtes, déterminera :

Vos rencontres.
Vos choix.
Vos décisions.
Vos négociations.
Vos réussites.

Interrogez-vous, c'est LE moment de prendre conscience de ce que vous voulez vraiment :

Que faites-vous de bien ?
Quelles sont vos aspirations ?
Quelles sont vos convictions profondes ?
Quel est votre idéal ?
Que voulez-vous vraiment ?
Où en êtes-vous par rapport à cela ?
Que ressentez-vous à cet instant ?
Y aurait-il un ou des obstacles qui s'érigent face à vos en-vies ?
Lesquels ?
Comment comptez-vous vous y prendre ?

Quand allez-vous commencer ?
Par quoi allez-vous commencer ?
Avec qui ? Avec quoi ? Où ?

Un questionnement précis vous permettra de :

Prendre conscience de ce que vous voulez.
Dessiner les contours des actions que vous allez poser.
Incarner le changement auquel vous aspirez.

Objectif, cible, obstacles, émotions, agilité, sérénité, réflexion, négociation, action...

Au fil des jours, vous ressentez les vibrations de tous ces mots, au plus profond de votre être.

Lorsque vous les prononcez, les écoutez, ils donnent du sens à votre vie, à vos-en-vies. LE Guide des Entrepreneurs vous a repéré !

Ne seriez-vous pas en train de tisser LE projet de votre vie ?

Bienveillant, LE Guide des Entrepreneurs, expert en reprise d'Affaire, choisit et décide de vous proposer un accompagnement simple et explicite, à la fois inédit de par son mode « retour d'expérience » et à la fois agile de par sa qualité d'adaptation à un contexte économique difficile.

Le modèle ici est un modèle gagnant.

Gagnant car il place le facteur Humain au centre de toute action.

Gagnant car nous savons aujourd'hui en partie grâce aux Neurosciences, que chacun de nous possède tout ce qu'il lui faut pour réussir : cela nécessite que chacun en prenne conscience, apprenne à utiliser ses propres ressources, apprenne à s'appuyer sur ses talents !

À partir de maintenant, vous ne pourrez plus dire « je ne savais pas ». Vous êtes au bon endroit pour concrétiser vos ambitions.

Imaginez trente secondes que vous décidiez d'ignorer cet ouvrage.

Comment vous sentez-vous ?

Vous êtes vraiment décidé à ne pas découvrir vos talents ?

Vous êtes vraiment décidé à ne pas apprendre à les utiliser ?

Quel dommage de passer à côté de l'outil qui vous permettra de passer à l'action et de réussir, avec plaisir, sérénité et agilité !

En fait, vous souhaiteriez connaître dès maintenant les bénéfices que vous pourriez retirer de la lecture de ce document ?

LE Guide des Entrepreneurs vous propose de faire un exercice de visualisation :

Fermez les yeux. Installez-vous confortablement dans votre siège. Voilà.

Inspirez profondément.

Soufflez. Détendez-vous.

Recommencez trois fois. Voilà.

Maintenant, imaginez que vous avez atteint votre objectif de reprise d'une Entreprise et que vous êtes à la tête de votre projet depuis 18 mois. OK.

Continuez à respirer et à vous détendre.

Observez maintenant :

Ce qui a changé au niveau de votre environnement, maintenant que vous êtes Dirigeant.

Ce qui a changé au niveau de vos comportements, maintenant que vous êtes Dirigeant.

Lesquels avez-vous abandonnés, changés ?

Par lesquels les avez-vous remplacés ?

Ce qui a changé au niveau de vos capacités, maintenant que vous êtes Dirigeant. Lesquelles avez-vous acquises ?

Ce qui a changé au niveau de vos croyances et de vos valeurs, maintenant que vous êtes Dirigeant.

Lesquelles avez-vous abandonnées ?

Lesquelles avez-vous acquises ?

Ce qui a changé au niveau de votre identité, maintenant que vous êtes Dirigeant. Qui êtes-vous devenu ?

Ce qui a changé au niveau de votre mission, maintenant que vous êtes Dirigeant. Vers quoi allez-vous ?

Prenez votre temps, respirez et revenez ici et maintenant quand vous voulez.

Ce questionnement a pour objet de vous éclairer sur les points que vous aurez à travailler pour atteindre votre objectif.

Cet ouvrage a pour objet de vous y aider.

Réalisé à partir d'observations et d'expériences vécues, il vous guidera tout au long de vos démarches, depuis la création de votre objectif jusqu'à l'acquisition de votre Affaire, en passant par les étapes qui conditionneront votre réussite.

LE Guide des Entrepreneurs vous emmène vers la réussite. Il vous soutiendra inconditionnellement.

Il vous souhaite de beaux apprentissages et de belles acquisitions.

Qu'ils répondent à vos besoins, qu'ils fassent sens avec vos valeurs profondes et au final, puissent-ils vous motiver jusqu'au tréfonds de vos cellules et vous permettre de vous réaliser, avec Joie et harmonie !

Alors, prêt à poursuivre ?

Bravo ! C'est parti !

Temps 01 : A ce stade, où en êtes-vous par rapport à votre projet ?

Je ne sais pas où j'en suis................☹-1-2-3-4-5-6-7-8-9-☺

Je ne peux pas imaginer mon projet.☹-1-2-3-4-5-6-7-8-9-☺

J'ai l'intention de le réaliser...........☹-1-2-3-4-5-6-7-8-9-☺

Comment puis-je le réaliser.............☹-1-2-3-4-5-6-7-8-9-☺

Je veux le réaliser.....................☹-1-2-3-4-5-6-7-8-9-☺

Je peux le faire ....☹-1-2-3-4-5-6-7-8-9-☺

Je vais le faire........................☹-1-2-3-4-5-6-7-8-9-☺

J'ai atteint mon objectif.............☹-1-2-3-4-5-6-7-8-9-☺

LES DIFFÉRENTES PHASES D'UNE REPRISE D'AFFAIRE

Soyez Attentif ?

Phase I : LE SOCLE

L'Objectif

Pour LE Guide des Entrepreneurs, un objectif est le point c'est à dire l'endroit où l'on se propose d'arriver, c'est ce que l'on vise.

Pour Vous, votre objectif c'est là où vous prévoyez d'atterrir, c'est ce que vous visez. Le temps semble venu pour vous de formuler clairement votre objectif !

Vous visez l'excellence ? Alors prenez du temps et peaufinez votre objectif, en suivant les instructions de LE Guide des Entrepreneurs.

Votre objectif répond à cinq critères regroupés sous l'acronyme S.M.A.R.T :

> **S**pécifique : précis, simple, formulé positivement, son but est unique.
> **M**esurable : basé sur des faits concrets, il indique le parcours restant à faire.
> **A**mbitieux : il vous fait rêver et il vous fera sortir de votre zone de confort.
> **R**éaliste : atteignable, il intègre données chiffrées et contexte extérieur.
> **T**emporel : délai, date, quantité, vous aideront à préserver votre énergie.

A ces cinq points essentiels, ajoutez quatre notions qui feront la différence :

> **É**cologie : veillez à ce que l'impact de votre objectif soit positif sur votre entourage.

Fun : c'est ce qui vous permettra de tenir dans la durée !

Faire Sens : à quoi bon vous investir dans des non-sens ?

Connecté à vos Valeurs : ce sera l'assurance-vie de votre motivation !

Prenez grand soin de :

Viser juste : ni trop haut (vous risqueriez de vous épuiser), ni trop bas (vous risqueriez de vous désintéresser) !

Identifier les apprentissages nécessaires à la réalisation de votre objectif.

Opter pour des attitudes adaptées.

Gérer vos émotions : identifiez les émotions porteuses et les néfastes.

Identifier le prix à payer pour atteindre votre objectif.

Envisager un plan B, au cas où : cela vous permettra de vous engager sans passer votre énergie à nourrir une peur des lendemains incertains.

Développez une stratégie, posez un angle d'attaque, avant tout plan d'action afin de viser à obtenir plus de résultats avec moins d'efforts et plus de plaisir !

Vos critères de choix pour votre stratégie seront :

La facilité
L'efficacité
Le coût
Le risque

L'aspect fédérateur
Le caractère novateur
L'élégance
Le respect de vos valeurs.

À l'issue de ce premier travail, déterminant, listez chaque point de formulation de votre objectif et répondez ensuite à la question « est-ce **CE** que je veux vraiment ? ».

Si besoin, reformulez l'objectif jusqu'à obtenir une réponse positive.

Les Émotions

A l'issue de quelques mois de recherches, de déplacements, d'études de dossiers de reprise, inaboutis, il se peut que le doute s'installe de manière insidieuse et occupe une place de plus en plus importante dans votre quotidien.

Ce terreau favorise l'installation de la peur qui accompagne le doute, cette peur qui érode peu à peu votre confiance en soi.

À cette croisée des chemins, dans bien des cas, vous risquez de vous laisser tenter, de vous laisser aller, à baisser les bras pour « passer à autre chose ».

Expertise n°3 : Choisissez et décidez de prendre de la hauteur, appropriez-vous la situation et maîtrisez-la !

Comment ?

Posez-vous et cherchez à comprendre ce qui se passe autour de vous !

Au niveau humain, environnemental et économique.

Pour faciliter votre démarche, vous chercherez les réponses à un certain nombre de questions.

Vos réponses étayeront et faciliteront votre compréhension. Elles vous permettront d'opter pour les meilleures orientations.

Les Constats

Humain :

> Qui est le Cédant de l'Affaire ?
> Est-il l'Homme-Clé de son Entreprise ?
> La vend-il par dépit ou bien après une sage réflexion ?

Environnemental :

> Comment évolue l'environnement concurrentiel des Affaires ?
> Quelles sont les contraintes ou futures contraintes environnementales ?
> Est-ce que l'on peut intégrer les nouvelles normes environnementales dans la structure ?

Économique :

> Comment se porte le marché des Cessions/Reprises d'Affaires ?
> Est-il favorable ou pas ?

Est-ce le moment opportun d'investir ?

Quel est le prix du marché d'une Affaire à reprendre ?

Est-ce un marché porteur ou pas ?

Quelle est la perspective d'avenir de l'Affaire ?

Est-ce un marché de niche ?

Cette prise de conscience de tous ces éléments vous évitera de temporiser et vous permettra de focaliser votre attention sur l'essentiel des éléments d'un dossier de reprise, de prendre objectivement votre décision et d'en assumer les effets.

Expertise n°4 : Apprivoisez vos peurs et réussissez !

Les Acteurs

Quel est le profil du repreneur ?

Une personne physique ou morale qui souhaite se reconvertir vers une nouvelle activité.

Une personne physique ou morale qui souhaite reprendre une Affaire, avec un apport financier (le plus courant) ou sans apport (plutôt rare).

Concernant cet apport, le Banquier vous demande généralement d'avoir un apport c'est-à-dire une somme d'argent, qui correspond à 30% du montant total de l'investissement.

Un Business Plan motivé + cet apport = un Banquier qui vous suit dans votre projet de reprise d'Affaire.

47

La Cible

Votre démarche exige désormais que vous disposiez de vos critères de choix.

Dans un premier temps, établissez la liste des choses que vous ne voulez surtout pas (petite ou grande Affaire, secteur d'activité, situation géographique, etc…).

Dans un second temps, à partir de cette liste, identifiez avec le plus de précision possible, ce que vous voudriez, de manière à créer un filtre et un champ d'action pour affiner vos critères de recherche de reprise d'Affaire.

Ces critères vous permettront de consulter les offres qui vous sont proposées, de corriger et/ou d'affiner vos recherches, si nécessaire.

Les Obstacles

Reprendre une Entreprise s'avère de plus en plus ardu et complexe.

Le premier contact revêt une importance capitale et vous amène naturellement aux questionnements :

À qui s'adresser ? Qui est le Cédant ?

À qui s'adresser :

Vous êtes sûrement légion à avoir bénéficié de tous ces bons conseils de votre entourage qui ne vous souhaite que du bien.

Vos oreilles ont été rabattues du sempiternel et insistant « Développe, sollicite et appuie-toi sur ton réseau », «Vois avec ton Expert-Comptable, il connaît du monde»,

« Demande à ton Banquier, il connaît bien les dossiers qu'il finance, il pourra t'aider » ?

Les prêcheurs de bonne parole, ceux qui savent ce qu'il faut faire …et ne font jamais, ne se voilent-ils pas la face et ne se donnent-ils pas bonne conscience en « vous conseillant » ?

Quant à vous, vous vous trouvez toujours face à vos incertitudes : qui va bien pouvoir vous fournir ce nom, cette adresse ?

En réalité, dans 98% des cas : PER.SON.NE !

Parce que cela engage trop la personne qui va vous donner l'information.

Qu'il soit Comptable, Banquier ou autre, c'est un engagement de culpabilité au risque de…

Et si la reprise ne fonctionnait pas !

A qui incomberait la faute ?

Alors ! Que faire face à cette situation ?

Expertise n°5 : Prenez-vous en main. Comptez sur vous-même et surtout ne baissez jamais les bras !

Qui est le Cédant :

Dans la plupart des Affaires à reprendre, le Cédant occupe LA place déterminante dans la négociation, et tout particulièrement lorsqu'il s'agit de céder SON Affaire à un Repreneur.

En effet, force est de constater qu'il se réserve de plus en plus fréquemment le droit de choisir son Repreneur, quitte même à repousser l'échéance de la cession.

Accordez une importance capitale à vos premiers contacts verbaux avec le Cédant.

Donnez-leur une teinte conviviale, riche et chaleureuse. Ils vous informeront du ton et des perspectives de négociation.

A ce stade, prenez bien conscience que tous les Cédants ne sont pas toujours prêts psychologiquement à céder leur Bébé !

Quand bien même auront-ils entamé une démarche de cession, ils pourront exprimer une inadéquation entre leur intention profonde et ce qu'ils disent vouloir vraiment.

La Gratitude

« La gratitude est un sentiment affectueux envers un bienfaiteur » (Larousse).

Votre sentiment de gratitude et votre reconnaissance de votre travail bien fait vous permet de vous auto-valoriser.

La gratitude est un outil simple et efficace d'auto-motivation.

Elle peut constituer votre atout.

En vous gratifiant au fur et à mesure de chacune de vos avancées, vous alimenterez votre confiance en vous.

La confiance en soi, c'est ce sentiment d'assurance et de sécurité que l'on ressent à propos de soi.

La confiance en soi, c'est la certitude de posséder les capacités permettant de pouvoir compter sur soi, de pouvoir prendre soin de soi, d'être en mesure de faire face aux aléas de la vie.

Avec l'amour de soi (inconditionnel) et l'image de soi (évaluation de ses potentialités et de ses limitations), la confiance en soi est l'un des trois piliers de l'estime de soi.

Les fondements de l'estime de soi nécessitent que l'on s'accepte, que l'on acquière les capacités nécessaires pour pouvoir compter sur soi face aux défis de la vie et que l'on vive en accord profond avec ses motivations profondes.

Pour Nathaniel Branden, (psychothérapeute, écrivain 1930-2014) l'estime de soi « c'est la disposition à se considérer comme compétent pour faire face aux défis de base de l'existence et être heureux ».

Vous aurez perpétuellement besoin de développer votre estime de soi, elle est en vous et n'attend que vous !

Pour l'alimenter, soyez clair et honnête avec vous-même, acceptez-vous, passez à l'action et acceptez l'idée d'échec !

Affirmez-vous, développez votre empathie, sachez demander de l'aide !

Tout au long de la poursuite de votre objectif, vous allez vivre des émotions intenses qui vous feront passer de l'enthousiasme au découragement, de l'envie au dégoût, de l'action à l'immobilisme, de l'engagement à la rétractation.

Vous vous sentirez infatigable, invincible lorsque vos émotions seront positives (joie, enthousiasme) et vous vivrez des moments de lassitude et de grand découragement lorsque vous vivrez des émotions plutôt négatives (peur, tristesse).

Et c'est là qu'intervient la notion d'énergie et de conscience.

Renforcée par la motivation, l'énergie permet de passer à l'action, elle transforme l'idée en action.

La conscience avec laquelle vous allez appréhender vos états émotionnels déterminera l'énergie dans laquelle vous serez l'instant d'après.

Soit vous choisirez et déciderez de subir, soit vous choisirez et déciderez d'affronter, d'écouter ce que vous disent vos émotions !

Prenez du temps pour faire le point avec vous-même. Interrogez-vous sur vos ressentis :

> Quels sont-ils ?
> Qu'est-ce qui les a déclenchés ?
> Que signifient-ils ?
> Décidez de ce que vous en faites :
>> Changer un comportement ?
>> Renforcer un comportement ?

Subir la situation ?

Transformer la situation ?

À chaque étape réussie, célébrez le moment en vous félicitant, en identifiant ce moment comme une étape de franchie.

Cela participera à votre auto alimentation de votre estime de soi : personne mieux que vous ne saura le faire !

Vous féliciter et vous encourager :

> Génèrera votre motivation à poursuivre vos actions.
> Alimentera votre bien-être physique.
> Suscitera en vous gaieté et joie.
> Créera en vous de l'enthousiasme.
> Créera la possibilité de vous réaliser.

Tous ces états vous porteront avec aisance vers l'étape suivante.

N'hésitez plus désormais à vous féliciter et à vous encourager !

Cet état de gratitude vous renforcera psychologiquement et intérieurement jour après jour pour que vous habitiez, viviez et incarniez votre objectif.

Temps 02 : A ce stade, où en êtes-vous par rapport à votre projet ?

Je ne sais pas où j'en suis...............☹-1-2-3-4-5-6-7-8-9-☺

Je ne peux pas imaginer mon projet. ☹-1-2-3-4-5-6-7-8-9-☺

J'ai l'intention de le réaliser….........☹-1-2-3-4-5-6-7-8-9-☺

Comment puis-je le réaliser.............☹-1-2-3-4-5-6-7-8-9-☺

Je veux le réaliser.....…..………......☹-1-2-3-4-5-6-7-8-9-☺

Je peux le faire …………………….☹-1-2-3-4-5-6-7-8-9-☺

Je vais le faire…..………………….☹-1-2-3-4-5-6-7-8-9-☺

J'ai atteint mon objectif…………...☹-1-2-3-4-5-6-7-8-9-☺

Phase II : L'ÉTUDE

Les Objectifs de la Démarche

Cette démarche a pour but de mettre en place une méthodologie simple et constructive qui vous permettra de formaliser et de suivre vos requêtes, vos demandes de projets et les différents échanges avec vos différents interlocuteurs.

Les différentes étapes assimilées à un process résultent d'études concrètes venant d'une expérience de terrain réellement vécue.

Elles vous permettront de gagner du temps et de l'argent afin de mettre à contribution vos réflexions et vos analyses de votre projet de reprise.

Vous finaliserez alors le montage de votre Business Model et de votre Business Plan.

Vous les présenterez enfin à votre Expert-Comptable et/ou votre Banquier pour soulever des fonds.

Tout d'abord, et cela avant d'échanger avec le Chargé d'Affaires correspondant, démarrez vos recherches sur le net, des Sociétés à reprendre.

Vous trouverez ci-après, une liste non exhaustive et non limitative d'adresses de sites qui gèrent uniquement des cessions et reprises d'Affaires.

Ces sites sont les plus couramment utilisés pour ce genre de démarche et sont reconnus par les Cédants et les Repreneurs professionnels.

: Allez aussi bien sur les sites payants que sur les sites gratuits : tous proposent des opportunités d'Affaires à reprendre.

Consultez les sites régulièrement ! Chaque jour de nouvelles annonces sont disponibles. En restant connecté aux données du marché de la vente des Entreprises, vous maintiendrez vos connaissances à jour.

Les Sites de Reprise d'Affaires

www.transentreprises.com :

Site incluant une liste d'annonces de Cessions d'Entreprises, de fonds de Commerce, d'acquisitions d'Entreprises, etc...

www.apce.com :

Site officiel de l'agence pour la Création d'Entreprise, avec une rubrique entière dédiée aux cessions et reprises d'Entreprises.

www.services-entreprises.com :

Site incluant une liste d'annonces de Cessions d'Entreprises, de fonds de Commerce, d'acquisitions d'Entreprises, etc...

www.transcommerce.com :

Site incluant des offres d'Entreprises à reprendre, un portail d'informations et des liens pour la reprise ou la cession d'Entreprise par Région (à consulter : ne couvre pas tout le territoire Français).

www.fusacq.com :

Site entièrement destiné à la transmission et à la Reprise d'Entreprises, en mettant en relation des Repreneurs, des Dirigeants et des professionnels de la finance. Inclut également des annonces.

www.bnoa.net :

Bourse Nationale d'Opportunités Artisanales, chaperonnée par la Chambre des Métiers et de l'Artisanat (CMA). Lieu de rencontre entre Cédants et Repreneurs de petites Entreprises. Inclut également une large palette d'annonces.

www.cra.asso.fr :

Site de l'association nationale des "Cédants et Repreneurs d'Affaires", destiné à la Cession et à la transmission d'Entreprises. Inclut également une large palette d'annonces.

www.reprendre-bretagne.fr :

Site incluant une liste d'annonces de Cessions d'Entreprises, de fonds de Commerce, d'acquisitions d'Entreprises, etc...

Cette liste n'est ni limitative, ni exhaustive.

Le Chargé d'Affaires

Après avoir fait votre choix d'Entreprise sur l'un des sites, un Conseiller ou Chargé d'Affaires prendra contact avec vous.

Il s'agit d'une personne qui met en relation un acheteur et un vendeur.

Son rôle est de vous accompagner, si vous le souhaitez, à monter votre Business Plan et éventuellement de vous aider à trouver des aides pour financer votre projet.

La personne souhaitera mieux vous connaître et voudra s'assurer que le choix de l'Affaire correspond réellement à vos attentes et que le montant des fonds que vous apportez est en phase avec le dossier de reprise.

À partir de là, il peut ou pas vous transmettre les coordonnées du Cédant.

Si le Conseiller estime que vous êtes vraiment motivé, intéressé et en phase avec le projet à reprendre, alors il vous demandera de remplir une Lettre d'Engagement du Repreneur et de lui envoyer votre CV et votre FC.

Ces documents lui permettront de monter un dossier et, le cas échéant, de vous suivre et de vous proposer éventuellement d'autres projets.

Dans les jours qui suivent, le Conseiller va se mettre en relation avec le Cédant, lui remettre votre CV de manière à ce qu'il établisse une relation avec vous.

Le Conseiller peut vous remettre un Teaser.

Un Teaser est un document non contractuel qui donne des informations un peu plus détaillées et explicites sur les chiffres-clés de l'Entreprise à reprendre.

Ce support vous guidera dans votre décision de poursuivre ou non vos recherches d'informations et il vous épaulera dans votre choix de donner ou non suite au projet.

Selon la situation, le Conseiller peut vous donner directement les coordonnées de la personne à contacter.

: Le Cédant peut, à travers la lecture de votre CV, ne pas vouloir établir de relation commerciale avec vous, potentiel acheteur.

Il s'agit d'éléments d'appréciation subjectifs.

Vous pouvez tenter en douceur d'infléchir son appréciation en relançant les échanges via le Chargé d'Affaires.

Vous pouvez informer le Chargé d'Affaires au fur et à mesure de l'état d'avancement de votre projet, des échanges et des rendez-vous que vous organisez avec le Cédant.

Le Premier contact téléphonique avec le Cédant

Objectif : Convenir d'une prise de rendez-vous et/ou obtenir des éléments financiers.

Expertise n°6 : Considérez le premier contact comme une étape fondamentale et déterminante pour la suite du projet. Par sa nature et par sa qualité, il impactera tout le process de votre éventuelle reprise de l'Affaire.

Nous observons aujourd'hui que, dans la plupart des cessions d'Entreprise, le Cédant est indissociable de son Affaire.

En effet, il considère son Affaire comme son « Bébé », il veut s'assurer que l'intention du Repreneur est saine, qu'il veut développer son « Bébé », le pérenniser et surtout, ne pas le délocaliser ou le fermer, à terme.

D'un point de vue pratique, lors de vos contacts avec le Cédant :

Ayez absolument sur vous les coordonnées de la personne qui vous suit (mail et téléphone).
Notez systématiquement toutes les dates et contenus de vos différents échanges à venir avec le Cédant.
Établissez et alimentez au fur et à mesure un tableau de bord de suivi de projet.

Vous pourrez ainsi suivre vos mises à jour sur toutes les informations relatives à l'Affaire.

Si vous vous positionnez sur plusieurs projets, vous suivrez alors simplement et aisément chaque Entité.

Vous constaterez que lorsque vous étudiez un ou plusieurs dossiers de reprise, vous serez amené à échanger régulièrement avec le(s) Cédant(s) au fur et à mesure de l'état d'avancement de votre Business Plan ou celui de votre Business Model.

Il est primordial que vous, futur Repreneur, assimiliez le fait que c'est le Vendeur qui décide et qui choisit son Repreneur.

Ce fait s'observe aujourd'hui dans une grande proportion des reprises d'Affaires.

N'en soyez plus surpris, puisque c'est une réalité.

Ceci explique la nécessité d'entretenir des échanges conviviaux, chaleureux, emplis de curiosité, dès le premier contact !

Emplis de curiosité ? Oui.

Adoptez avec mesure, une attitude intéressée, authentique, montrez que vous souhaitez comprendre, connaître et savoir comment fonctionne l'Entreprise.

Vous devenez celui qui favorise la mise en avant par le Cédant, de son Affaire et de ses savoirs-faire.

En exprimant les savoirs-faire de son Affaire, le Dirigeant exprimera ses propres savoirs-faire, savoirs-être, savoirs-faire-faire.

Écoutez-le activement, portez une attention particulière aux termes employés, à sa communication non-verbale : il vous éclairera sur ses propres compétences.

Expertise n°7 : Rassurez le Cédant, impérativement !

Focalisez-vous, lors des échanges, sur le fonctionnement de l'Affaire :

Combien de personnes travaillent dans cette Entreprise ?

Qui fait quoi ?

Comment se comporte la concurrence ?

Quelle est la saisonnalité de l'activité ?

Quel est le profil des clients ?

Comment le Dirigeant exprime-t-il son rôle ?

Le Dirigeant est-il l'Homme-Clé de son Affaire ?

Appropriez-vous ces informations fondamentales.

Elles vous permettront d'identifier des axes de progression, d'envisager des perspectives et de prendre la mesure de la viabilité de l'Affaire.

Votre but à cette étape : instaurer un climat de confiance pour créer une ouverture de votre interlocuteur.

Lorsque la conversation prend fin, suscitez et convenez d'un rendez-vous pour visiter physiquement l'Entreprise.

Vous avez en effet, besoin de la situer dans sa Région, dans sa ville, de voir le site dans son environnement, de rencontrer et d'écouter les femmes et les hommes qui y travaillent, de percevoir une ambiance, de ressentir des émotions, de toucher les matériaux, pour vraiment conscientiser ce dans quoi vous allez investir.

Très souvent la prise de rendez-vous s'accompagne d'une remise de documents financiers de la part du Cédant (bilans, Comptes de Résultats, Liasses Fiscales).

L'Étude de Marché pour incarner l'Affaire

Internet permet de collecter presque toutes les informations nécessaires pour étayer vos recherches sur votre projet : Dirigeant, marché économique, entreprise, concurrence, etc...

Procédez à une étude de marché par étape et avec méthode, afin de récupérer un maximum d'informations sur :

> Le Dirigeant.
> Les Éléments Financiers.
> Les Produits et/ou Services.
> L'Environnement Concurrentiel.

Le Dirigeant

Recherchez sur Google, Twitter, LinkedIn, Facebook.

Obtenir des informations sur le Dirigeant permet de connaître son environnement social, ses réseaux, d'essayer de comprendre comment il fonctionne à titre professionnel, quelle est son implication en termes d'activité associative ou autre.

L'un des principaux motifs de cette recherche réside dans le fait qu'elle permet de savoir si la fonction de Dirigeant qu'il occupe en dehors de son activité professionnelle impacte directement son Chiffre d'Affaires.

Les Éléments Financiers

Le site www.societe.com, par exemple, apporte des éléments clés pour préparer un Business Plan.

Même si le Cédant vous a remis les Éléments Financiers de sa Société, effectuez des compléments de recherche. Vous appréhenderez les chiffres-clés de l'Entreprise sous un autre angle de vue.

Couramment utilisé, le site www.societe.com met à disposition gratuitement une synthèse des données analytiques et financières de l'Exploitation.

Retenez bien cependant que vous ne trouverez que les chiffres-clés de la Société.

Si vous souhaitez obtenir de plus amples informations et détails, alors une contribution financière vous sera demandée en échange de ces données supplémentaires.

Il va de soi que seuls les comptes déposés sont consultables.

Si tel n'était pas le cas, alors vous devriez nécessairement approfondir cette question avec le Cédant (la Loi impose le dépôt des comptes).

Méthodologie

1 : Extraire les Bilans et les Comptes de Résultats.

Regroupez (copier-coller) sur un support (type tableur) les Bilans Actif, les Bilans Passif et sur un autre support les Comptes de Résultats, afin de disposer en une seule lecture, des évolutions des différents postes comptables par Exercice.

2 : Comparer et évaluer les Chiffres-Clés.

Il s'agit de chiffres synthétisés, regardez-les et analysez-les, année par année.

Cela va vous permettre de vous imprégner de la vie financière de l'Entreprise.

Sur ce support, tous les chiffres sont importants.

C'est pourquoi, il vous est vivement conseillé de vous faire accompagner par un Expert-Comptable.

Il pourra mettre à votre service son expérience et ses compétences.

Vous pouvez cependant vous appuyer sur quelques chiffres-clés tels que :

Compte de Résultats (CR) et Soldes Intermédiaires de Gestion (SIG) : Chiffre d'Affaires (CA), Excédent Brut d'Exploitation (EBE) et Résultat Net (RN).

Chiffre d'Affaires (CA) : outre le fait qu'il s'agisse d'un indicateur de volume d'affaires généré par l'activité courante, il représente aussi un moyen de mesurer sa dimension en termes de parts de marché, dans son environnement.

Excédent Brut d'Exploitation (EBE) : l'EBE d'une Entreprise est la ressource d'exploitation (y compris charges de personnel - dotations aux amortissements). L'EBE « donne une vision objective de l'Entreprise et permet de déterminer la rentabilité de son exploitation courante » (Wikipédia). Plus cet indicateur est élevé, plus l'Affaire est pérenne.

Résultat Net (RN) : tout résultat net supérieur à 0 correspond aux bénéfices de la Société. Plus le résultat est important et plus l'Entreprise est pérenne.

Bilan : stocks de marchandises, disponibilités : trésorerie, capitaux propres, dettes (emprunts et fournisseurs).

Stocks de marchandises : ils représentent les biens achetés, transformés ou à vendre.

Disponibilités (trésorerie) : ensemble des liquidités disponibles.

Capitaux propres : somme d'argent apportée par les associés ou actionnaires à laquelle s'ajoutent les pertes et les bénéfices cumulés.

Dettes fournisseurs : factures reçues par l'Entreprise de la part de ses fournisseurs, en attente de paiement.

Emprunts : dettes financières contractées par l'Entreprise.

Tous ces éléments peuvent vous forger un avis. Ils ne vous seront cependant pas suffisants pour prendre votre décision finale pour une éventuelle reprise.

Vous disposez uniquement d'un moyen de vous imprégner de la Société et de pressentir s'il y existe d'éventuels axes de progression, compte tenu des différents éléments recueillis sur l'environnement de l'Affaire.

Novice ou expert, plus vous lirez et analyserez ces chiffres, plus vous vous familiariserez avec cet univers.

Ce faisant, vous formaterez votre gage d'implication et de motivation vis-à-vis de celui avec qui vous allez échanger.

Notez au fur et à mesure vos commentaires et vos questions, ce que vous ressentez sur les éventuels axes de progression que vous pouvez apporter en termes de développement de Chiffre d'Affaires, Commercial, Administratif, Informatique....

Vous les utiliserez plus tard, lors de l'établissement de votre Business Plan.

Commencez, si vous les avez, à regarder dans le détail tous les supports financiers (Bilans, Comptes de Résultats, SIG et Liasses Fiscales).

Nous aborderons plus en détails ces paramètres, un peu plus loin.

Les Produits et/ou Services

Faites une recherche sur Google, les pages jaunes, Facebook, Pinterest et autres sites, prérequis pour préparer un Business Model.

Connaître les Produits et/ou Services de la Société s'impose.

Étayez vos recherches de telle manière que vous les maîtrisiez impérativement.

Il s'agit d'une démarche fondamentale qui vous permettra d'affiner et d'asseoir votre BM et votre BP.

Pour avancer efficacement, répondez à ces 6 questions :

C'est quoi mon produit ? À quoi sert-il ? Quelles en sont les caractéristiques ?
Quelle est l'origine de mon produit ? Son identité ? Son Histoire ?
Quels en sont les bénéfices ? Les bienfaits ? Les plus ? Les avantages ?
Quel est son process ? De quelle manière va t'on l'appliquer ?
Quelles en sont les contre-indications ?
Où trouve-t-on ce produit ?

Pour vous aider, vous pouvez utiliser l'outil informatique FREEMIND (Mind-Mapping ou Carte Mentale) pour Windows que vous pouvez télécharger gratuitement via ce lien :

http://www.commentcamarche.net/download/telecharger -3673472-freemind

Pour l'environnement IOS, vous pouvez télécharger gratuitement sous Apple Store : Mind-Maple-Lite.

Ces logiciels sont intuitifs et simples d'utilisation. Ils vous permettront de visualiser simplement l'ensemble de vos travaux.

L'Environnement Concurrentiel

Faites une recherche sur Google, les pages jaunes, Facebook et autres sites, prérequis pour préparer un Business Model.

En prenant connaissance de son environnement concurrentiel vous appréhenderez mieux son marché, les produits et les tendances.

Notre modèle économique est fait de telle manière que rien n'est figé dans notre environnement, rien n'est acquis et tout est un perpétuel recommencement.

La concurrence peut sembler dangereuse voire néfaste pour nos Entreprises mais elle a une vertu positive quoique l'on puisse dire !

Elle nous oblige à nous remettre régulièrement en question, à penser et à repenser notre Entreprise, à penser client et à penser organisation, rationalisation.

Quand la concurrence est présente, plutôt que la nier, mieux vaut la respecter et surtout la comprendre !

C'est d'une certaine manière un message qui vous est envoyé, que vous devez décrypter sans perdre de temps afin de reprendre le contrôle de votre Affaire.

> Qu'est-ce-qui fait que je suis différent de mon concurrent ?
> Quelle est ma valeur ajoutée ?
> Qu'est-ce qu'il fait de mieux que moi ?
> Pourquoi les clients vont-ils chez lui ?

Cherchez absolument les réponses à toutes ces questions, cela vous permettra d'une part, d'identifier des axes de travail sur lesquels vous allez apporter votre propre valeur ajoutée pour développer des parts de marché et d'autre part, affuter vos connaissances sur ce marché et argumenter votre projet de reprise auprès des Banquiers.

Méthodologie

Faites des recherches sur le marché en question :

Qui sont les principaux acteurs économiques du marché ?

Suis-je leader sur mon marché Local, Département, Régional, National, Européen ou International ?

Quel est le maillage Local, Départemental, Régional ?

Quel est le CA réalisé par nos concurrents ?

Combien de personnes travaillent dans cette unité ?

Quelles sont les marques distribuées sur ce marché ?

Utilisez un Mind-Mapping pour recenser tous les éléments d'informations que vous avez relevés.

La Visite

Vous vous situez à un moment important, capital, qui conditionne le bon déroulement de la suite des évènements.

A ce stade, vous possédez un grand nombre d'informations collectées sur l'Affaire à reprendre.

Votre position vous concède désormais la possibilité d'échanger avec le Cédant afin de répondre à vos interrogations.

Vous pouvez d'ores et déjà vous mettre en relation avec un Expert-Comptable, afin de rendre les évènements encore plus confortables.

Vous serez amené dans tous les cas à travailler et à échanger avec lui dans le cadre de la reprise.

Sachez que vous pouvez choisir de reprendre celui du Cédant ou choisir le vôtre.

Il n'y a pas de bon ou de mauvais choix : choisissez et décidez ! Tout est possible et il n'y a pas de règle.

Dans tous les cas, les Experts-Comptables ont une obligation de réserve et de confidentialité.

L'Expert-Comptable

Quel que soit le type de reprise d'Affaire que vous ferez, il vous est fortement conseillé de vous faire accompagner par un Expert-Comptable.

Son travail consiste entre autres à certifier et à valider vos comptes pour chaque Exercice, à vous conseiller et à vous accompagner tout au long de votre activité : en termes d'investissement, de fiscalité, de conseil social.

C'est pourquoi, il vous est utile dès le démarrage, de travailler avec et de vous faire accompagner par un Expert-Comptable. Il vous suivra dans le montage de votre projet et vous expliquera d'un point de vue analytique les chiffres de l'Affaire.

Vous pourrez donc partager avec lui votre stratégie et votre analyse sur la manière dont vous voyez les choses sur la future Entreprise à reprendre.

Le moment venu, il vous fournira un Support Financier Prévisionnel que vous pourrez remettre à votre Banquier dans le cadre de la souscription d'un emprunt.

Parce que le but de l'Expert est de vous récupérer en tant que client, dans bien des cas il vous accompagnera gratuitement durant cette période.

Retenez bien que l'Expert-Comptable, bien qu'Homme de Savoir dans son domaine, ne décidera pas à votre place.

Il saura vous alerter, vous conseiller et vous prévenir, le tout dans un cadre juridique.

Expertise n°8 : Vous seul déciderez et trancherez, au final.

Votre première rencontre

Rencontrer le Cédant et visiter sa Société restent un moment clé de votre démarche pour acquérir votre future Affaire.

Le premier contact et les premiers ressentis vont faire que oui ou non vous allez poursuivre les échanges pour reprendre la Société.

Cette situation subjective fait partie intégrante de la démarche.

Elle n'est ni mesurable ni quantifiable et impactera lourdement votre prise de décision.

Expertise n°9 : Réservez le temps de la Visite à prendre connaissance du dossier et à étayer vos questionnements. Évitez les négociations !

Sur place, prenez le temps de faire le tour de l'Entreprise et d'échanger avec le Cédant.

Posez-lui sans limite toutes les questions que vous avez préparées (Commercial, Administratif, Financier, le Cédant lui-même, etc...).

Prenez des notes, reformulez si nécessaire, soyez le plus curieux et le plus intéressé possible.

Vous remarquerez la fierté du Cédant à vous présenter son Entreprise, son « Bébé ».

Vous découvrirez une personne qui se livre sans limite et sans pudeur.

Cette période d'échanges revêt une importance majeure.

En effet, vous vivrez en direct tous les ressentis, les émotions et les expressions du Cédant lorsqu'il évoquera son « Bébé ».

La voix véhicule les émotions.

Dans l'approche du Cédant, vous chercherez à comprendre qui il est, afin de mieux perce-voir ce qu'il veut et surtout ce qu'il vend.

C'est pourquoi lorsque vous échangerez avec votre interlocuteur, vous percevrez et vous vivrez ses émotions telles que lui les vit dans le même instant :

c'est l'effet de vos neurones-miroirs. Ils seront en action et vous offriront la possibilité d'identifier les points forts et les points à améliorer de l'Affaire.

La situation d'empathie dans laquelle vous vous trouverez dans ce moment d'échanges intenses et vrais, vous permettra de projeter sur l'Affaire les émotions que vous aurez en vous !

Interrogez-vous sur vous, sur votre manière de penser et de vous comporter :

> Comment pensez-vous ?
> Comment vous comportez-vous ?

Vous connaître vous apportera une aide précieuse dans votre approche du Cédant.

Dans votre manière de penser, votre profil est plutôt :

Analytique : rationnel, objectif, logique, factuel, vous êtes sceptique de base ?

Structurel : pratique, méthodique, prudent, prévoyant, structuré dans le temps, organisé ?

Social : sympathique, solidaire, conscience sociale, intuitif, vous aimez travailler en groupes de travail ?

Conceptuel : imaginatif, créatif, visionnaire, intuitif dans les idées, vous travaillez avec une approche innovante ?

Interrogez-vous également sur la manière dont vous vous comportez :

Quel est votre rapport au monde, aux autres (expressivité) ?

Quelle énergie déployez-vous pour exprimer ce que vous pensez, croyez, ressentez (confiance) ?

Quelle est votre capacité à accommoder des actions avec d'autres personnes et à satisfaire vos besoins (flexibilité) ?

Vos expressions (verbales, non verbales) et celles du Cédant exprimeront vos manières respectives de faire vivre ce que chacun pense et reflèteront vos rapports respectifs au monde.

La manière dont le Cédant s'adressera à vous, vous donnera des pistes pour comprendre comment il pense et quel profil d'acheteur il recherche.

Par exemple et de manière non figée :

L'analytique vous posera des questions rationnelles et il restera sceptique jusqu'au bout de la transaction. Il n'aimera pas être comme tout le monde.

Le structurel vous dira « voici l'affaire que je vends : point A, point B, point C ». Il planifiera la rencontre et les réunions de travail au cours desquelles il vous présentera les Tableaux de Bord avec des slides, des Tableaux d'Activité, etc... Il aura besoin d'objectifs concrets. Il aura peur de ne pas savoir pour avancer et réussir.

Le social mettra en avant le lien social créé grâce à son Affaire, il évoquera les possibilités de regroupements, le développement de sa marque dans plusieurs pays, les activités sociales au sein de son Entreprise, etc...Il exprimera sa peur de se retrouver seul.

Le conceptuel mettra en avant son service Recherche et Développement, il s'appuiera sur les résultats des dernières recherches pour développer ses produits et asseoir sa compétitivité. Il exprimera sa peur d'être un « has been ».

Le Cédant, à travers son mode de pensée, vous donnera de nombreuses indications sur la manière dont il a géré son Affaire, sur les stratégies qu'il a alimentées et sur les espoirs qu'il fonde en son futur acquéreur.

Vous devriez vite comprendre si votre profil l'intéresse.

Autrement dit : son argument de vente collera au client cible idéal !

La manière dont un individu se comporte associé à la manière dont il s'exprime, le décrit et fait de lui qui il est : la personnalité de chacun s'exprime à travers cet alliage subtil.

Appréhender cette approche simplifiée de l'Humain pourrait bien devenir votre atout majeur au moment des rencontres et pendant la négociation !

Réfléchissez maintenant à la manière dont vous allez aborder votre interlocuteur.

La communication est un Art. Travaillez-la, en conscience.

Votre communication conditionnera l'atteinte de votre objectif et votre réussite.

Faites le choix d'être bon dans votre communication.

Retenez bien que vous serez aussi bon dans votre communication que vous l'aurez travaillée en amont. Cela s'appelle l'entraînement. Il vous permettra :

De vous positionner au bon niveau : ne vous laissez pas mettre la pression et ne la mettez pas à votre interlocuteur.

De mettre en avant à un moment ou à un autre vos compétences en :

Gestion de Soi :

Cela suppose que vous vous acceptiez !

Soyez en accord avec vos motivations profondes.

Soyez confiant en vous.

Aimez-vous inconditionnellement.

Alimentez positivement votre image de vous.

Gérez vos Émotions : elles vous signalent des évènements significatifs pour vous et motivent vos comportements pour les gérer : elles sont votre outil de réussite : identifiez-les, écoutez-les !

Gestion de l'Autre :

Votre Intelligence Émotionnelle (IE) vous permettra d'identifier vos émotions et celles de votre interlocuteur, de les réguler et de les maîtriser, pour guider vos pensées et vos actes.

Votre IE favorise votre auto-motivation et votre gestion de vos émotions en vous comme lors de vos interactions.

Votre IE c'est votre capacité d'ouverture et d'empathie qui alimentera votre puissance d'échanges, avec respect, vérité et bienveillance à votre égard et celui de votre interlocuteur.

Gestion matérielle :

Votre compétence en Organisation pourra alimenter à son tour la confiance du Cédant.

Identifiez la compétence dans laquelle vous excellez, appuyez-vous sur elle, ce sera votre force !

Optez pour une communication assertive : simple et convaincante, qui transmettra un message solide, rassurant, convaincant.

Respectez coûte que coûte votre interlocuteur, employez un ton rassurant, soyez authentique, choisissez les mots justes, restez factuel.

Et surtout, surtout : SOYEZ VOUS-MÊME !

Accordez vraiment toute son importance à ce temps d'échanges, vraiment.

À l'issue de la visite et des échanges, vous préciserez des axes de travail que vous approfondirez en vue de développer votre future activité.

Revenez si nécessaire sur le prix de vente afin d'en éclaircir la composition :

Les stocks, l'immobilier (locataire ou propriétaire).

À quel moment envisage-t-il la cession de son Entreprise ?

Proposera-t-il un accompagnement (c'est le cas en général, mais vous pouvez le négocier) ?

À cet instant, attribuez une dimension humaine à ces échanges.

Vous le rassurerez et surtout, vous vous confirmerez dans votre prise de décision.

Vous vous apercevrez que tous les échanges que vous vivrez par la suite seront plus conviviaux et sans tabous.

La confiance que vous aurez contribuée à instaurer, vous permettra d'obtenir beaucoup plus et sans effort.

Après cet entretien, le Cédant vous remettra les éléments financiers de sa Société, soit en fichier PDF, soit en format papier, il pourra même vous proposer de vous mettre en relation avec son Expert-Comptable.

Demandez à ce que l'on vous remette les trois derniers :

> Bilans.
> Comptes de Résultats.
> Soldes Intermédiaires de Gestion.
> Liasses Fiscales.

Clarifiez avec le Cédant, la manière dont vous souhaitez échanger avec lui (mail ou téléphone).

Échangez vos cartes de visite.

Vous déciderez d'un commun accord du mode opératoire de vos échanges à venir.

Précisez-lui que vous vous engagez à le mettre systématiquement en copie de tous les échanges que vous aurez avec son Expert-Comptable ou d'autres interlocuteurs, sur le sujet.

En contrepartie, le Cédant vous fera probablement signer une Lettre de Confidentialité vous demandant de vous engager sur un certain nombre de critères (ne pas diffuser les informations, ne pas échanger avec les fournisseurs…).

Vous la signerez et vous lui en demanderez une copie.

La Visite de l'Environnement

Profitez d'être sur place pour faire un tour :

De la concurrence : ce qu'elle représente sur le marché local, ce qu'elle a ou pas de plus en termes de produits, de taille de structure, d'effectifs

Des axes de circulation : est-ce que l'Affaire est au bon endroit ? Est-elle visible ?

Des panneaux publicitaires

D'échanger, si les conditions le permettent, avec des commerçants locaux au sujet de la Société : a-t-elle une bonne notoriété ? Suscite-t-elle de bons échos ?

Il s'agit d'informations importantes auxquelles bien souvent les Chefs d'Entreprise en place ne font plus attention.

Ils ne les perçoivent plus, car leur quotidien les a envahis et que leur esprit est déjà ailleurs (vs Cession).

Ce facteur environnement peut être un des éléments-clés sur lequel vous pouvez apporter une valeur ajoutée dans votre développement vs prise de parts de marché.

La somme de ces détails fera la différence entre vous et la concurrence.

Vous créerez à partir de ces éléments, votre propre identité à cette même Entreprise.

Expertise n°10 : Profitez du temps de la visite pour réaliser un certain nombre de démarches prospectives : vous ne pourrez plus le faire par la suite. D'autres priorités happeront votre quotidien et vous allez foncer tête baissée et vous concentrer sur votre projet de reprise.

Feedback

L'après-visite est un moment important durant lequel vous allez pouvoir vous poser et vous remémorer chaque instant de vos échanges avec le Cédant.

Réalisez impérativement un feedback à chaud de tous les éléments d'information en votre possession.

Le but ici est de capturer et de confronter votre ressenti émotionnel lors de vos recherches sur le Web avant la visite, à votre ressenti émotionnel lors des échanges réels avec le Cédant.

Inscrivez manuellement ces informations sur papier.

Vous vous en resservirez plus tard, lors de la reprise de l'Affaire.

Le but consiste à mesurer le décalage entre l'« avant » et l'« après » projet lorsque vous élaborerez la préparation des Cent jours.

Si le doute persiste, alors répondez aux questions ci-après.

Retenez bien que le doute est un messager.

Écoutez le messager, ne le tuez pas !

> Qu'est-ce-qui fait que je suis indécis ?
> Qu'est-ce-qui fait que je ne suis pas sûr de moi ?
> Qu'est-ce-qui fait que je ne sente pas ce projet, mais ?

Si ce questionnement ne vous paraît pas suffisant, alors autorisez-vous à analyser vos ressentis. La situation est normale. Tous vos capteurs d'alertes émotionnelles sont sortis et vous veulent du bien. Prenez de la hauteur et restez le plus objectif possible :

Ressenti de l'annonce
   oui / non / lequel ?

Ressenti des informations trouvées sur le Web
   oui / non / lequel ?

Ressenti des informations financières
   oui / non / lequel ?

Ressenti sur les échanges avec le Cédant
   oui / non / lequel ?

Ressenti sur la visite de la Société
oui / non / lequel ?

Ressenti de l'environnement de la Société
oui / non / lequel ?

Ressenti de la situation globale du projet
oui / non / lequel ?

Ce questionnement peut vous paraître bien simple.

Répondez aux questions avec authenticité et franchise vis-à-vis de vous-même.

Peut-être vos réponses vous permettront-elles de trancher, de décider.

Expertise n°11 : Une action associée à une émotion constitue une expérience : écoutez vos émotions, décryptez leurs messages et apportez-leur des réponses.

Vous obtenez une majorité de oui ? Poursuivez l'analyse et l'étude du projet.

Si non ? Changez de projet !

Échangez avec le Cédant sur les questions de fonds et/ou mettez-vous en relation avec votre Expert-Comptable et/ou le Chargé d'Affaires pour partager vos doutes et interrogations, pour affiner certains points.

Retenez bien que dans le cas où vous payez la prestation, le Chargé d'Affaires est commissionné, il ne peut donc pas être juge et parti dans cette Affaire, son intérêt reste bien de vendre.

Temps 03 : A ce stade, où en êtes-vous par rapport à votre projet ?

Je ne sais pas où j'en suis...............☹-1-2-3-4-5-6-7-8-9-☺

Je ne peux pas imaginer mon projet.☹-1-2-3-4-5-6-7-8-9-☺

J'ai l'intention de le réaliser...........☹-1-2-3-4-5-6-7-8-9-☺

Comment puis-je le réaliser.............☹-1-2-3-4-5-6-7-8-9-☺

Je veux le réaliser.......................☹-1-2-3-4-5-6-7-8-9-☺

Je peux le faire ....☹-1-2-3-4-5-6-7-8-9-☺

Je vais le faire.........................☹-1-2-3-4-5-6-7-8-9-☺

J'ai atteint mon objectif...............☹-1-2-3-4-5-6-7-8-9-☺

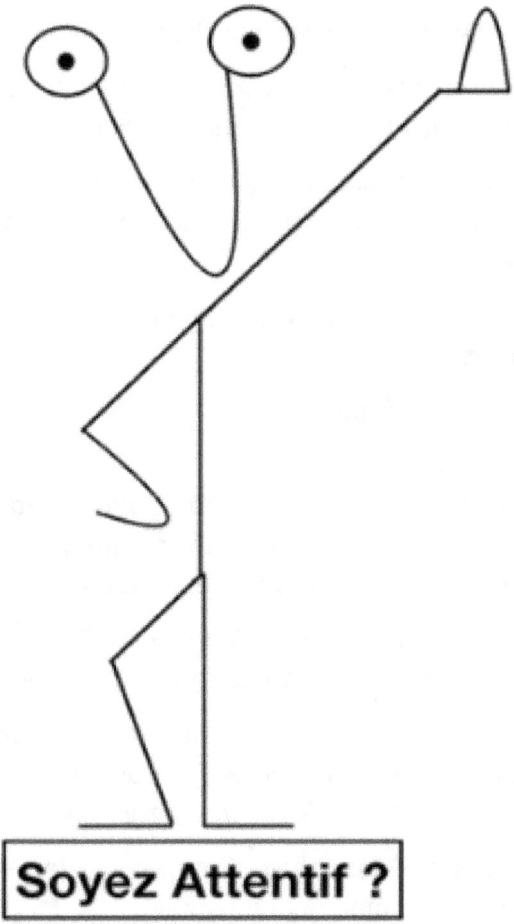

Soyez Attentif ?

Phase III : L'ANALYSE ET LA PROJECTION

Vous voilà prêt à passer aux choses sérieuses !

Vous avez réalisé beaucoup de recherches et vous possédez tous les documents financiers.

Regroupez l'ensemble des informations et mettez-les en forme pour monter votre Business Model et votre Business Plan.

Tout le travail réalisé en amont va désormais vous servir concrètement.

Le Business Model

Le BM est un support qui permet de visualiser les actions commerciales de votre future Entreprise à 1 an (court terme), 3 ans-5 ans (moyen terme) et 10 ans (long terme). Il vous permettra de définir vos objectifs.

Dès lors que vous aurez défini votre BM, vous pourrez décider au quotidien, pour tendre vers ce BM.

Il évolue et doit subir des ajustements chaque année en fonction des nouvelles données humaines, économiques, financières et/ou environnementales.

Vous pouvez désormais fixer vos objectifs à court, moyen, long terme.

L'objectif à court terme se définit de façon claire et précise. Cette étape est très importante.

Prenez le temps de vous poser pour cette étape.

Cela vous évitera l'écueil fréquent de perdre le cap et de vous dissiper sur des choses futiles et non essentielles de votre BM.

L'objectif à moyen terme s'inscrit dans la continuité du court terme, il définit les grandes lignes de vos orientations.

Imaginez votre Entreprise dans sa situation idéale (ce qui vous semblerait bien pour vous), à laquelle vous apposez des stratégies et des actions mesurables et quantifiables.

L'objectif à long terme sollicite votre imaginaire, osez l'utopie (les idées farfelues ont ici toute leur place), lâchez-vous !

Vous donnerez non seulement une autre dimension à votre Affaire, mais aussi agirez-vous différemment, parfois de manière inconsciente, dans vos prises de décision au quotidien.

Expertise n° 12 : Soyez créatif : vous donnerez toute sa singularité à votre projet par votre valeur ajoutée « créativité ».

Le Business Plan

Le BP est un support qui permet de voir à moyen terme la santé financière de son activité.

Mis à jour régulièrement, le BP donne la possibilité de prendre des décisions stratégiques en termes d'investissement ou de développement.

Il peut aussi dans le cadre d'une reprise, permettre de présenter les éléments financiers aux banquiers pour négocier et/ou relever des fonds.

En général, pour réaliser un BP, nous utilisons les éléments de Chiffres d'Affaires et de Marges d'Exploitation.

Dans un souci de simplification, nous vous proposons de travailler uniquement sur les données de Chiffre d'Affaires.

Nous considérons en effet que la Marge des Comptes de Résultats correspond à la politique commerciale de la Société (si et seulement si la lecture analytique des 3 à 5 CR des exercices précédents montre que la marge reste constante).

En résumé :

Business Plan (BP) = Budget Commercial (BC) + Plan Prévisionnel Commercial (PPC) + Compte de Résultats Prévisionnel (CRP)

Budget Commercial (BC)

L'établissement du BP repose sur des fondations : le Budget Commercial.

Le Budget Commercial regroupe l'ensemble des Chiffres d'Affaires de l'activité commerciale par famille et/ou article de l'Entreprise, répartis quotidiennement, mensuellement et/ou annuellement.

Demandez au Cédant de vous les fournir.

Cherchez si possible, à obtenir ses tableaux de bord.

Vous pourrez ainsi constater la manière dont ils sont travaillés et envisager comment vous allez vous les approprier.

Dans votre approche de réalisation de BC, ne soyez focus que sur le CA.

Vous pouvez appliquer la même méthodologie avec la Marge d'Exploitation, ce qui vous permettrait d'affiner les fluctuations des Marges d'Exploitation.

Récoltez un maximum d'informations de gestion commerciale (2 à 3 années d'activité) afin de gagner en pertinence et en justesse d'analyse commerciale.

Les éléments calculés du BC : l'intérêt d'aligner des Chiffres d'Affaires, va vous permettre dans un premier temps, d'observer la régularité de l'activité et dans un second temps de calculer l'évolution des chiffres d'Affaires par exercice, le poids des mois des Chiffres d'Affaires et le poids des familles.

Vous pouvez selon l'activité, travailler ces informations à la semaine, au mois, au trimestre, au quadrimestre, au semestre, à l'année.

L'évolution des chiffres d'Affaires vous permet de voir comment l'activité évolue en termes de prise de parts de marché durant les 3 dernières années. Analysez cette évolution !

Le poids des mois est un indice qui mesure la variation des Chiffres d'Affaires.

Le poids des familles est un indice qui donne la proportion de Chiffre d'Affaires de la famille d'un produit par rapport au CA de l'Entreprise durant un exercice.

Ces données obtenues vous permettront de projeter votre futur Chiffre d'Affaires.

A partir de vos collectes d'informations et de vos analyses, vous voilà en capacité d'estimer les évolutions de Chiffre d'Affaires à N+1, N+2, N+3 et N+4.

Faites l'estimation de l'évolution en pourcentage, de vos futurs CA.

Nous vous proposons ici une démarche subjective, non conventionnelle : il n'existe pas une seule règle !

À l'instar de tout Chef d'Entreprise, seul vous, êtes capable de poser une prévision et de vous engager pour atteindre votre Objectif.

Dans toute prévision, ayez toujours à l'esprit un ou plusieurs plans d'actions.

Plus vos arguments et actions seront en adéquation avec vos prévisions, plus vous alimenterez vos chances de concrétiser vos actions.

Bien que vous soyez en situation inconfortable, projetez-vous, visualisez les évolutions de votre future Affaire.

Vous savez pertinemment que si vous reprenez cette Affaire, c'est pour faire mieux que ce qui existe déjà !

Expertise n°13 : Osez ! Décidez ! Tenez vos décisions : le rôle premier d'un Chef d'Entreprise c'est oser, prendre des décisions et s'y tenir.

Le Plan Prévisionnel Commercial (PPC)

Le PPC est un outil commercial qui permet de visualiser vos CA prévisionnels mois par mois et/ou famille par famille. Il est réalisé à partir des éléments calculés du BC et de l'estimation de l'évolution du futur CA.

Déterminez votre Indice Calendaire.

Vous avez la possibilité de travailler de 2 manières :

Soit faire une prévision de CA global

Soit faire une prévision de CA détaillé

1. Posez le Chiffre d'Affaires de l'année N, multipliez par la progression de l'objectif N+1 (CA N+1), multipliez par l'indice du poids des mois du CA N.

2. Posez le Chiffre d'Affaires de l'année N, multipliez par la progression de l'objectif N+1 (CA N+1), multipliez par l'indice du poids des familles de produits du CA N.

Faites ceci pour chaque année et faites corroborer les évolutions de Chiffre d'Affaires à votre analyse de votre BM.

Compte de Résultats (CR)

Le Compte de Résultats appelé aussi Compte d'Exploitation est un support comptable qui permet d'avoir une lecture analytique de la manière dont est gérée et fonctionne l'Affaire.

L'objectif n'est pas de faire de vous un Expert-Comptable, mais bien de vous initier aux éléments financiers de votre future Affaire.

Commencez par vous habituer aux termes utilisés et surtout à leur signification.

Vous serez régulièrement amené à les entendre et à les utiliser.

Même si cela vous paraît complexe, attardez-vous sur ce support, cherchez à le comprendre et appropriez-le-vous.

D'une part, vous gagnerez votre crédibilité vis à vis des personnes auprès de qui vous allez porter votre projet et d'autre part, vis-à-vis de vous-même, puisque vous allez explorer en détails les éventuels axes de progression à apporter.

Le moment est venu d'étaler les dossiers financiers et de les analyser scrupuleusement.

Regardez dans un premier temps les Bilans, puis le Compte de Résultats puis les Soldes Intermédiaires de Gestion.

Procédez de la même manière que lors de la préanalyse des chiffres du Budget Commercial.

Créez et alimentez un tableau récapitulatif.

Regroupez tous les éléments de façon à avoir une lecture analytique plus simple et beaucoup plus facile à exploiter.

Vous pouvez désormais commencer à envisager de projeter ces chiffres sur les années futures, concernant les postes de Charges (les Autres Charges Externes et la Masse Salariale).

Vous allez rapidement vous poser des questions.

Regroupez-les et posez-les au Cédant.

Vous aurez besoin de clarifier certains postes de Charges pour savoir de quoi ils sont composés.

Demandez au Cédant les éléments financiers complémentaires :

> La liste des Amortissements en-cours.
> La liste des Emprunts en cours.
> La liste du Personnel en-cours.
> La liste des Crédits Baux en-cours.
> Le Grand Livre du dernier Exercice clôturé.

Ces informations vous permettront de compléter votre étude et votre analyse de votre Compte de Résultats.

Faites fi des chiffres et visualisez les différents postes de Charges sur lesquels vous allez réaliser des économies et ceux sur lesquels vous allez augmenter les dépenses (selon la stratégie que vous allez mettre en place : se référer entre autres au BM).

Attardez-vous principalement sur les Autres Achats et Charges Externes.

Réalisez votre Compte de Résultats :

Il s'agit d'élaborer une trame de travail universelle en respectant la classification des Éléments Comptables.

Cela vous permettra de remplir les données et d'avoir une projection chiffrée de votre activité pour chaque année projetée.

Au fur et à mesure que vous allez nourrir ce tableau de chiffres, vous constaterez ou non la cohérence des équilibres économiques de l'Affaire.

Corrigez-les et surtout justifiez-les en commentaires.

D'un point de vue général, cette démarche vous aidera à prendre conscience des marges de manœuvre dont vous disposez et des charges liées à l'activité.

Ceci est une première approche.

Vous soumettrez rapidement votre travail à votre Expert-Comptable qui vérifiera la cohérence des données et l'exactitude des informations saisies.

Il corrigera et fera évoluer votre support de façon à vous le rendre le plus exact possible.

Solde Intermédiaire de Gestion (SIG)

Ce tableau découle de nombreux éléments enregistrés dans le Compte de Résultats.

Il met principalement en avant les Marges Commerciales, les Marges Brutes sur Production et l'Excédent Brut d'Exploitation (EBE). Nous aborderons l'EBE dans la Phase IV.

L'établissement de ces deux supports devrait vous éveiller à la faisabilité (en termes de rachat d'Affaire) et à la pérennité de votre projet pour les exercices à court, moyen et long terme.

Temps 04 : A ce stade, où en êtes-vous par rapport à votre projet ?

Je ne sais pas où j'en suis..............☹-1-2-3-4-5-6-7-8-9-☺

Je ne peux pas imaginer mon projet.☹-1-2-3-4-5-6-7-8-9-☺

J'ai l'intention de le réaliser............☹-1-2-3-4-5-6-7-8-9-☺

Comment puis-je le réaliser............☹-1-2-3-4-5-6-7-8-9-☺

Je veux le réaliser.......................☹-1-2-3-4-5-6-7-8-9-☺

Je peux le faire ....☹-1-2-3-4-5-6-7-8-9-☺

Je vais le faire.......................☹-1-2-3-4-5-6-7-8-9-☺

J'ai atteint mon objectif..............☹-1-2-3-4-5-6-7-8-9-☺

Soyez Audacieux ?

Phase IV : LA NÉGOCIATION

A ce stade, vous disposez et possédez tous les éléments requis (Financiers, Business Model, échanges avec le Cédant et Business Plan) pour vous guider dans la confirmation de la reprise de ce projet, avant de rédiger la Lettre d'Intention.

Cette phase de négociation est une étape émotionnelle compliquée car d'une part vous êtes plus que motivé à reprendre cette Affaire et d'autre part vous vous trouvez face à un Cédant qui ne voudra rien lâcher.

C'est un moment durant lequel vous et le Cédant, allez faire des concessions de négociations.

Tout est négociable ! Surtout une affaire !

Vous voilà en présence d'enjeux importants.

Vous voilà engagé dans un jeu de séduction entre un Acheteur et un Vendeur.

Retenez bien qu'aujourd'hui, celui qui est en situation favorable, c'est le Vendeur.

Votre atout réside dans le fait que toutes les étapes que vous venez de franchir vous donnent la maîtrise de votre dossier.

Vous avez eu le temps de travailler chaque ligne et de trouver des failles ou des incohérences dans l'Exploitation.

Tous ces points que vous maîtrisez désormais représentent vos leviers de négociation.

Vous possédez un autre atout : vous pouvez actionner le curseur émotionnel.

Celui qui permet de confirmer au Cédant que vous incarnez la volonté de pérenniser l'Entreprise, de développer l'activité (au niveau Local, Régional, National ou International) et de maintenir l'effectif en place, voire de l'augmenter.

Expertise n°14 : Soyez en phase avec la philosophie du Cédant : vous infléchirez aisément sa décision de vous lâcher son Affaire.

Les négociations débuteront dès l'envoi de la Lettre d'Intention.

La Lettre d'Intention (LI)

La Lettre d'Intention est un acte écrit qui vous engage non seulement dans les négociations mais aussi contractuellement avec le Cédant, selon des conditions suspensives.

Lorsque qu'une LI est signée par les deux parties, cela signifie qu'une cession peut être réalisée sous quelques semaines voire quelques mois.

Cette Lettre, si elle est signée par les deux parties a pour but entre autres de :

> Vous positionner.
> Officialiser votre démarche.

Engager le Cédant à ne plus fournir d'information à d'autres personnes.

Engager le Cédant à informer le Repreneur (vous) de toutes les dépenses ou investissements hors budget qu'il serait amené à faire.

Engager le Cédant à ne plus faire de négociations spécifiques.

Engager le Cédant à ne plus faire d'entretien d'embauche, etc...

Vous trouverez des modèles types de Lettre d'Intention sur internet.

Cependant nous vous conseillons vivement de vous faire accompagner dans la rédaction de ce document, par un Juriste ou par un Notaire.

Il saura vous amener des spécificités et des consignes particulières à votre démarche et les renforcer par certains articles de texte de Loi.

Une Lettre d'Intention rédigée par un Homme de Loi peut coûter plusieurs milliers d'€uros.

Bien que cette somme soit élevée, retenez le conseil de vous faire accompagner lors d'une première acquisition.

Cette personne sera obligatoirement présente lors de la cession, car c'est elle qui va rédiger les actes et les procès-verbaux pour l'enregistrement de la reprise de l'Affaire.

Généralement, cela se passe en deux temps :

Temps 1

Dans les grandes lignes, la LI est rédigée à la demande ou par l'acheteur avec toutes les propositions de négociations, conditions suspensives et date de cession.

Essayez dans vos propositions, d'élargir vos champs de négociation, cela vous permettra de lâcher prise en fonction de certaines contreparties.

Portez votre vigilance sur le fait d'adopter un style de proposition ferme et ouvert (pas fermé).

Cette période vous semblera interminable :

> Vous compterez les semaines, les jours, les heures.
> Vous aurez le sentiment de perdre votre temps.
> Vous serez prêt à tout laisser tomber.
> Vous serez découragé voire dépité.
> Vous aurez même envie de tout remettre en question.

Gardez les pieds sur terre !

Sachez que c'est une situation normale.

Gardez à l'esprit que vous incarnez le rôle de l'Acheteur et que le Cédant incarne le rôle de Vendeur.

Temps 2

Avant que cette Lettre d'Intention ne soit signée par le Cédant, celui-ci apportera un certain nombre de correctifs.

Vous serez amené à échanger, à discuter, voire à négocier quelques aspects de votre rédaction.

Cela s'appelle cela un Calage d'Intention.

Une fois ce Calage effectué, rédigez à nouveau la LI et soumettez-la au Cédant pour signature.

Vous voilà communément en mesure de signer cette Lettre d'Intention et de préparer le Compromis de Vente/Cession.

: Conditionnez impérativement votre Lettre d'Intention à certains points de couverture.

Notez par exemple « sous condition de l'obtention des prêts » et/ou « sous condition d'avoir toutes les pièces justificatives demandées en annexe de la LI », etc...

Cette démarche courante vous prémunira en cas de litige.

Entre le Temps 1 et le Temps 2, plusieurs semaines peuvent s'écouler avant que quelque chose de concret n'aboutisse.

Au démarrage, chaque protagoniste essaie de rester sur ses positions.

En fait, une grande part émotionnelle envahit les deux parties, parce que :

Le Cédant

> Ne veut pas brader son Affaire ?
> Considère son Affaire comme toute sa vie ?

Pense que son Affaire est de renom et présente un fort potentiel de développement ?

L'Acheteur

Ne veut pas payer l'Affaire plus cher que ce qu'elle ne vaut !
A besoin de temps pour s'imprégner du marché pour développer du Chiffre d'Affaires !
A le souci de pérenniser l'Affaire !
Ne veut surtout pas essuyer d'échec en termes d'investissement de projet !

Expertise n°15 : Restez zen, gérez la pression, dépassionnez les échanges, de manière à instaurer des échanges raisonnés.

Entraînez-vous à gérer vos émotions en toutes circonstances et devant qui que ce soit, et tout particulièrement dans ces moments-là.

Expertise n°16 : Prenez du recul et laissez poser votre émotion jusqu'à ce que votre côté raisonnable prenne le dessus.

Ne vous laissez pas envahir par la joie, la tristesse ou la peur !

Ne prenez jamais de décision dans ces états : vous risqueriez de le regretter.

De la même façon, évitez de répondre immédiatement par retour de mail : attendez quelques heures ou journées avant de répondre.

Cela vous permettra de bien réfléchir et de peser sereinement les « pour » et les « contre ».

Expertise n° 17 : Gardez toujours à l'esprit votre objectif : Reprendre cette Affaire !

Vous pouvez commencer à échanger par mail et lorsque vous n'arrivez plus à avancer sur un point : échangez par téléphone.

Vous verrez que dans bien des cas, vous débloquerez la situation.

Ces blocages sont souvent dus à des problèmes de compréhension et/ou de clarification.

Le point sur lequel vous allez vous attarder et surtout dépenser beaucoup d'énergie est celui de la négociation du prix de vente des parts sociales de l'Affaire.

L'Annexe à la LI

L'annexe à la LI est un document souvent joint à celle-ci.

Elle contient les informations relatives à l'Affaire :

Juridiques.

Comptes annuels.

Assurances.

Activités.

Conformités.

Financements.

Social.

SCI.

Cette liste n'est ni exhaustive, ni limitative.

Ces supports sont, d'une part, nécessaires à la rédaction des actes juridiques de Cession et d'autre part, nécessaires à votre prise de connaissance en profondeur et en conscience de l'Affaire et de son environnement.

Vous y retrouverez des éléments d'ordre juridique, social et fiscal.

Ces éléments vous permettront de voir si l'Entreprise répond d'elle-même à ces exigences à travers par exemple le Registre de Sécurité, la Lettre d'Information aux Personnels de la vente de l'Entreprise, la mise à jour des Visites Médicales, les Formations Obligatoires de l'employeur, etc...

Dans bien des cas, cette liste est fournie par le Juriste ou par le Notaire et peut être complétée par l'Acheteur.

Réunissez tous les éléments de l'Annexe puis vérifiez les concordances et l'exactitude des supports.

Vous prendrez ainsi connaissance de certains éléments de l'activité de l'Exploitation et vous vous en imprégnerez pour en prendre la mesure.

Le Prix de Vente

Le Prix de Vente d'une Entreprise est l'un des éléments-clés qui génère de nombreuses discussions entre un Cédant et un Acheteur.

Cette donne est généralement longuement débattue, car elle est bien souvent subjective et non rationnelle.

Subjective, parce que le Cédant bien souvent valorise un certain nombre d'éléments tels que : le potentiel de la Société, la notoriété, la sueur du Cédant générée durant ses nombreuses années de labeur, etc...

Non rationnelle, parce qu'il existe des normes de valorisation générale (par l'EBE, le Résultat...) ou propres aux types et/ou spécificités de l'Affaire.

Pour avoir une notion de valorisation, mettez-vous en relation avec votre Expert-Comptable et/ou le Chargé d'Affaires.

Ils vous donneront une Évaluation Comptable et Financière de l'Entreprise.

Cela ne reste qu'une évaluation !

À vous ensuite de savoir ce qui est acceptable ou non.

C'est vous qui déciderez de faire ou pas.

Vous connaissez bien l'Affaire, vous avez vu, analysé et mesuré ses forces et ses faiblesses.

Cependant, vous aurez en votre possession le Prix de Vente de l'Acheteur et celui de votre Expert et/ou Conseiller.

L'objectif de cette négociation est de trouver un compromis acceptable entre la satisfaction du Cédant et la potentielle pérennisation de la future Société.

Voici deux exemples d'approche qui pourraient vous faciliter un premier abord de valorisation.

: Comprenez bien avant tout, que du fait qu'il s'agisse d''une approche synthétique, celle-ci ne vous suffira pas pour prendre une décision à ce stade.

En effet, ces informations seront traitées à nouveau et/ou corrigées par l'Expert-Comptable ou le Chargé d'Affaires, qui tiendra compte par exemple des dividendes distribués.

Pour appliquer cette approche, nous posons l'hypothèse de départ que le Cédant a géré son Affaire en bon père de famille et qu'il a respecté et appliqué globalement tous les ratios de gestion pratiqués dans la profession (votre Expert-Comptable saura vous confirmer ces éléments).

Voici deux méthodes de calcul :

Approche de calcul par l'EBE.
Approche de calcul par le Résultat.

Approche de calcul par l'EBE

On retrouve l'EBE (Excédent Brut d'Exploitation) dans les Comptes des Soldes Intermédiaires de Gestion (SIG).

Le calcul :

Recueillez les SIG des cinq dernières années.

Prenez le montant de l'EBE. Si nécessaire, corrigez-le des crédits baux c'est à dire, ajoutez-les au montant de l'EBE.

Calculez la moyenne.

Multipliez par cinq (années) la moyenne obtenue ci-dessus.

Approche de calcul par le Résultat

On retrouve le Résultat ou le Bénéfice dans le Compte de Résultats (dernière ligne en bas du tableau).

Le calcul :

Recueillez le Compte de Résultat des cinq dernières années.

Prenez le montant du Résultat ou du Bénéfice. Si nécessaire, corrigez-le des amortissements c'est à dire, ajoutez-les au montant du Résultat. Dans le jargon, on appelle cela la CAF (Capacité d'Auto Financement).

Calculez la moyenne (Résultat positif et/ou négatif).

Multipliez par quatre (années) la moyenne obtenue ci-dessus.

Vous remarquerez que vous obtenez deux montants quelque peu différents.

Ils vous permettront d'avoir une approche estimative d'évaluation et une base de travail financière.

: Si vous obtenez un montant négatif ou très différent, rapprochez-vous de votre Expert-Comptable qui saura corriger et/ou expliquer les éléments financiers.

Le Protocole de Reprise/Cession (PR/C)

Le Protocole de Reprise/Cession (PR/C) ou Compromis de Vente est un Acte Juridique établi par le Cédant avec un Juriste ou un Notaire.

Le PR/C reprend quelques éléments de la LI. Il est complété par d'autres points plus précis liés à la nature et à la vie de la Société :

> La Convention de Cession.
> Les Conditions Suspensives.
> Les Conditions Particulières sur la manière dont va être gérée la Société jusqu'au jour de la jouissance.
> La Garantie d'Actif & Passif (GAP).
> Les mises en œuvre de la Garantie.
> La liste des Pièces Jointes remises par le Cédant.

En résumé, les grands points abordés sont :

> Ce que veut le Cédant.
> Ce que veut l'Acheteur.
> Les différentes Conditions Suspensives.
> La partie Juridique et Protocolaire sur la manière dont les choses vont se dérouler en cas de litige et/ou demande particulière.

Toutes les modalités de la cession liées au départ du Cédant.
Les Conditions Particulières.

Le Cédant sait ce qu'il vend et Vous, vous savez ce que vous achetez !

La rédaction de ce PR/C s'effectue en plusieurs étapes.

Expertise n° 18 : Même si vous sentez que la cession arrive à grand pas, restez ferme dans vos positions !

Comprenez bien qu'à ce niveau d'échanges, le Cédant est déjà mentalement parti. En d'autres termes, quoiqu'il arrive, il s'est déjà projeté dans son nouveau chapitre de vie. Tout retour en arrière n'est plus concevable pour lui.

Lui ne sait peut-être pas que vous en êtes conscient !

Cela vous confère un certain ascendant psychologique sur le Cédant.

Vous constaterez progressivement que les rôles et les échanges sont moins tendus.

Les négociations se poursuivront et vous serez constamment amenés à les corriger.

Restez vigilant !

Ne vous laissez pas emporter par vos émotions.

Respectez le temps qui vous est imposé :

Le temps de la rédaction.
Le temps de la lecture.
Le temps de la relecture.
Le temps des corrections à apporter.

Soyez clair avec le Cédant !

Calez ensemble les sujets divergents avant de les signifier sur le Protocole.

Cela peut concerner les Modalités de l'Inventaire : les décotes, ce qui doit être inventorié ou pas, inventaire général ou pas.

Mettez-vous en relation avec votre Expert-Comptable, il saura par expérience vous conseiller et vous orienter.

Retenez bien que tout désaccord doit être exclusivement réglé entre le Cédant et Vous.

L'issue des négociations se soldera par un consensus entre le Cédant et Vous.

La première étape consiste pour le Cédant aidé par son Juriste, à rédiger un projet de protocole dans lequel il intègre :

Toutes les Modalités de la Cession liées à son départ.

Les Conditions Particulières.

La seconde étape consiste pour l'Acheteur aidé par son Juriste, à intégrer dans le Protocole :

Tous les éléments liés à la reprise de la Société.
Les Conditions Particulières.

Les Autres Conditions : GAP, Conditions Suspensives, …

Profitez de corriger les Modalités du Protocole.

Le but est de vous prémunir d'un risque en cas de litige.

Apportez tous les éléments qui vous semblent importants dans la rédaction du PR/C et surtout apportez vos propres requêtes concernant la manière dont vous voyez la Cession en termes d'organisation de Cession (Inventaire des Immobilisations et des Stocks de Marchandises, Relevés de Compteur Eau).

Les principaux échanges se feront entre Juristes et/ou Notaires.

Leurs échanges seront basés sur des formalités de fond et de forme.

Vous serez systématiquement mis en copie des différents supports, vous serez tenu informé du contenu des échanges téléphoniques et vous recevrez un Compte Rendu de l'évolution de la situation du PR/C par les Juristes et/ou Notaires.

Vous êtes sur du juridique !

Soyez vigilant !

Prenez le temps de bien comprendre chaque document.

Dès lors que les parties tombent d'accord sur la finalisation du Protocole de Reprise/Cession, il est temps de passer à l'étape de la Signature.

Le montant d'un PR/C peut atteindre plusieurs milliers d'€uros.

Retenez que les coûts de la LI et du PR/C sont des montants conventionnés. Ces documents sont incontournables pour qui s'engage dans une reprise d'Entreprise.

Temps 05 : A ce stade, où en êtes-vous par rapport à votre projet ?

Je ne sais pas où j'en suis...............☹-1-2-3-4-5-6-7-8-9-☺

Je ne peux pas imaginer mon projet.☹-1-2-3-4-5-6-7-8-9-☺

J'ai l'intention de le réaliser...........☹-1-2-3-4-5-6-7-8-9-☺

Comment puis-je le réaliser............☹-1-2-3-4-5-6-7-8-9-☺

Je veux le réaliser.....…...……........☹-1-2-3-4-5-6-7-8-9-☺

Je peux le faire ….....……...…….…☹-1-2-3-4-5-6-7-8-9-☺

Je vais le faire...…....……..…….…☹-1-2-3-4-5-6-7-8-9-☺

J'ai atteint mon objectif..............☹-1-2-3-4-5-6-7-8-9-☺

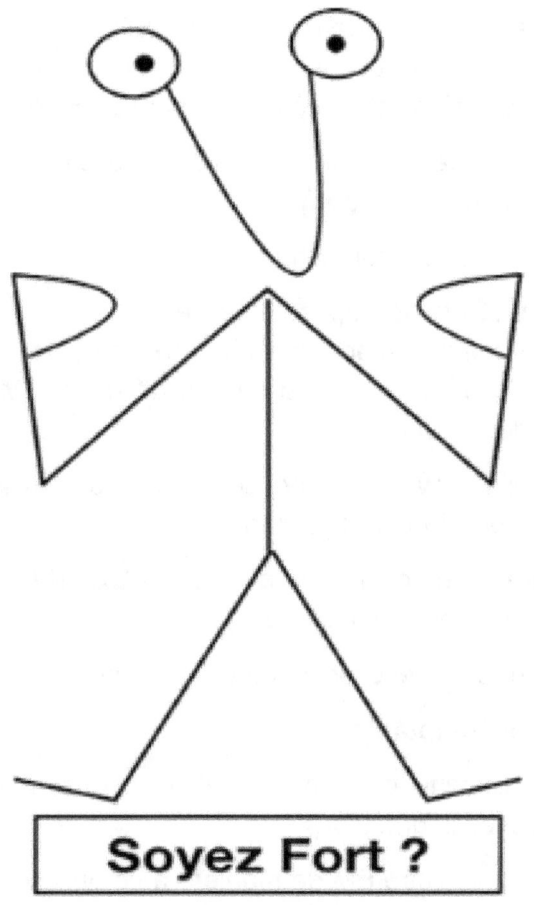

Soyez Fort ?

Phase V : LA FORMALISATION

À ce stade, vous avez réalisé votre BP, votre BM, vous avez rédigé une Lettre d'Intention et le Protocole de Reprise/Cession est signé ou en cours de Signature.

L'étape de la Formalisation vous achemine vers la reprise de votre future Affaire.

Le bout du tunnel approche puisque :

> La Date de Reprise est calée.
> Vous êtes d'accord sur le Prix de Vente.
> Vous êtes d'accord sur les différentes Modalités de Cession.

Vous voilà arrivé à l'étape de Formalisation de tout le travail effectué jusqu'à présent.

Structurez-le en coopérant avec votre Expert-Comptable et votre Juriste et/ou Notaire.

Et présentez le résultat final à votre Banquier.

L'Expert-Comptable

Votre Expert-Comptable détient désormais de nombreuses informations.

Présentez-lui votre BM de manière à ce qu'il comprenne bien votre démarche professionnelle justifiant les éléments financiers engagés dans votre BP.

Remettez-lui tous les éléments financiers en votre possession :

Bilans.

Comptes d'Exploitation.

SIG.

Grand Livre.

Tableaux des emprunts.

Tableaux des Amortissements.

Liste des Immobilisations.

...

Il montera, à partir de ces données, un Document Financier que vous remettrez à votre Banquier.

La particularité de ce support mettra en avant des Éléments Financiers et Chiffres-Clés nécessaires à la compréhension du Banquier (Bilan, Emprunts, Trésorerie, CAF...).

Plus la projection financière sera claire, plus il sera facile pour le Banquier de défendre votre projet au sein de sa Commission d'Obtention des Prêts.

Le Notaire/Le Juriste

Cet homme de Loi est présent pour gérer des Actes dans le domaine du Droit.

Il rédige des Actes et il garantit l'application des règles de Droit.

Il est sollicité pour la mise en place des LI, des PR/C, etc...

A ce stade, vous devez choisir, si ce n'est pas déjà fait, votre Conseiller Juridique.

Les traitements et les échanges d'informations doivent être faits en bonne et due forme.

La rédaction d'un PR/C relève de la plus grande importance et protège juridiquement le Vendeur et l'Acheteur en cas d'éventuels problèmes.

Les problèmes porteront sur les vices cachés de gestion du Cédant, sur des litiges avec des clients, …

En pratique, les échanges vont s'effectuer entre Juristes.

L'Acheteur et le Cédant seront tenus informés au fur et à mesure des changements apportés au PR/C.

Votre Juriste vous aidera à apporter vos propres modifications jusqu'à ce que le Protocole soit rédigé et convienne à tous pour Signature.

Ne négligez rien, tout est important, rien n'est insignifiant dans cette démarche : en cas de litige vous risqueriez de regretter de ne pas en avoir tenu compte !

Gardez à l'esprit que cet Homme de Loi est un Être Humain avant tout !

Vous êtes maître de la situation tant que vous restez dans le Droit et respectez la Loi.

Vous avez le droit de ne pas être d'accord et vous avez le droit de vous manifester pour exposer vos idées.

Le Banquier

Rencontrer le Banquier est un grand moment.

Sortez le grand jeu : incarnez et habitez votre future Affaire.

Vendez, défendez votre projet et expliquez comment vous allez pérenniser, développer votre Affaire.

Plus vous maîtriserez votre sujet, plus vous convaincrez et plus vous mettrez en confiance votre auditoire.

C'est un exercice difficile mais très riche d'enseignement. Vous serez confronté à cette expérience plusieurs fois dans votre vie de Chef d'Entreprise.

Prenez rendez-vous avec plusieurs Banques y compris celle de la Société actuelle.

Chaque fois que vous rencontrerez un Banquier, vous lui remettrez un certain nombre d'Éléments d'Information :

> Votre CV permettra au Banquier d'appuyer votre candidature.
> Votre Business Model exprimera votre projection de Chef d'Entreprise.
> Le Business Plan (support financier) de l'Expert-Comptable précisera les Éléments Financiers de votre projection.
> Le PR/C signé par le Cédant et par Vous entérinera votre demande de prêts.
> Le dernier Bilan Clôturé de l'Activité de la Société.

En fait, votre démarche et votre objectif sont multiples.

Au-delà d'obtenir un prêt pour la reprise de votre future Société, la démarche consiste également à :

Se présenter et apprendre à se connaître.

Faire un point sur tous les contrats en cours.

A cette fin, demandez au Cédant qu'il vous remette tous les contrats qui lient l'Entreprise à sa Banque :

Contrat de Carte Bleue (CB).
Contrat d'Emprunt en Cours.
Contrat du Découvert Autorisé (si existant).
Contrat de Billet de Trésorerie.
...

L'objectif de cette démarche est d'une part de négocier un emprunt pour la reprise de l'Affaire et d'autre part de profiter de renégocier si possible TOUS LES CONTRATS EN COURS.

Généralement, tout est renégociable ! Vous êtes nouveau et vous êtes ambitieux.

Vous arrivez avec un gros dossier dans lequel vous allez demander beaucoup de choses à votre Banquier.

Il le sait !

Dans ce genre de situation, la plupart des Repreneurs profitent de ce moment pour TOUT rediscuter.

Tout dépendra de la manière dont vous allez vous vendre : présentez votre projet sur le court terme, sur le moyen terme et surtout sur le long terme.

Le Banquier doit pouvoir se projeter dans le futur et être en mesure d'envisager tous les projets qu'il pourrait mener avec votre Société.

C'est le moment ou jamais de vous imposer et de faire des gains financiers.

Vous arrivez en force et donc n'ayez pas de scrupule : vous ne risquez pas grand-chose, si ce n'est d'améliorer vos Charges Financières de votre Compte d'Exploitation !

A l'issue de vos premiers échanges avec le Banquier, formalisez avec lui tous vos besoins, c'est à dire demandez-lui tout ce dont vous avez besoin et ce que vous voulez renégocier.

À chaque négociation, des contreparties vous seront demandées par le Banquier.

Votre objectif est qu'il accède à tous vos souhaits.

Vous aurez alors la possibilité de choisir la meilleure proposition commerciale des Établissements Bancaires que vous aurez consultés.

Ayez à l'esprit ce qu'il faut négocier :

Sur l'Emprunt : les Taux d'Emprunts, les Frais de Dossiers, les Frais de Remboursements d'Emprunts par Anticipation.

Sur les CB : le Taux de Commission.

Sur le Compte de Trésorerie de l'Entreprise : les Frais des différents Mouvements.

À tout moment, consultez et demandez avis à votre Expert-Comptable qui saura vous accompagner et vous conseiller.

: n'hésitez pas à communiquer à votre interlocuteur que vous êtes en relation avec d'autres Banques.

Vous remarquerez que si la Banque souhaite vous avoir en tant que client, elle vous fera tout de suite des propositions intéressantes en termes de taux et de conditions.

Il est toujours difficile de revenir dans le temps sur les contrats et de les renégocier.

: tout comme notre Homme de Loi, le Banquier est un homme comme tout le monde.

Ne vous laissez pas impressionner par la fonction.

Cette personne sera dans l'écoute.

Ayez à l'esprit que vous avez besoin d'elle et qu'elle a besoin de vous.

Les Personnalités Publiques

Intégrez cette étape et préparez-la au fur et à mesure de vos recherches.

Bien que ce ne soit pas une priorité, intégrez-la à votre travail de consultations.

Chaque donnée collectée sur le web donne des informations relatives à l'environnement relationnel du Cédant et/ou de l'Entreprise.

Recensez dans une base de données le ou les noms des personnes que vous pouvez identifier (le Maire, le Représentant de telle Association, le Président de l'Union des Commerçants, etc...).

A partir de cette collecte, vous pourrez vous faire connaître en tant que nouvel arrivant dans le secteur et vous y intégrer le plus aisément et le plus rapidement possible.

: avant de passer à l'action, attendez d'avoir un accord de principe des Banques. Ne mettez pas la charrue avant les bœufs !

Si vous ne parvenez pas à collecter de noms, alors mettez-vous en relation avec la Mairie du lieu de l'Entreprise et demandez-lui de vous fournir la liste des Acteurs Économiques et des Associations de la Ville.

Vous ne pourrez pas rencontrer tout le monde, alors sélectionnez les acteurs qui vous semblent importants et influents.

Prenez vos rendez-vous et préparez votre agenda.

Respectez si possible la hiérarchie des acteurs : le Maire, les Chefs d'Entreprise, les Commerçants, etc...

: ces rencontres seront des moments importants ! Ouvrez grand vos oreilles : vous entendrez des choses agréables et des choses désagréables concernant la Société et/ou le Cédant.

C'est pourquoi, LE Guide des Entrepreneurs vous conseille de faire ces visites seul, sans le Cédant.

Cependant, dans le cas où celui-ci aurait organisé des rendez-vous avec les principales Personnalités Locales, acceptez de l'accompagner !

Rien ne vous empêchera par la suite, de rencontrer ces personnes à nouveau.

Préparez votre Pitch de présentation !

On doit savoir qui vous êtes, ce que vous voulez faire et quelles sont vos intentions futures en termes de développement de votre Affaire.

Les Cent Jours

Les Cent Jours sont un moment déterminant lors de la reprise d'une Affaire.

Lorsque le PR/C est signé, vous entrez dans la phase de préparation de la Cession de l'Affaire et de sa Reprise.

Les Cent Jours commencent le jour de la Signature de la Reprise de l'Entreprise et de la Remise des Clés.

La période des Cent Jours consiste à convaincre, à étudier, à comprendre le fonctionnement et à intégrer l'organisation de l'Entreprise, tout en démarrant la mise en place du BM (Feuille de Route).

Le but de cette Feuille de Route est de personnaliser la Culture de l'Entreprise à votre image.

Pour cela, préparez un rétroplanning de l'organisation et rédigez la manière dont vous allez gérer les Cent

Premiers Jours de votre nouvelle activité : Organigramme, Organisation Commerciale, Étude du Fichier Clients, Étude de Marché de la Concurrence...

Cette démarche a pour but de mettre votre BM en application et en mouvement.

Lors d'une reprise, vous savez que vous passez derrière un Chef d'Entreprise qui a exercé son métier.

Bien ou pas, peu importe, ce qui est sûr c'est que cette personne a été présente pendant un certain temps, a managé d'une certaine façon, a impulsé sa propre Culture d'Entreprise et a recruté l'ensemble des effectifs.

Vous, vous êtes différent !

Vous allez donc initier une évolution dans cette Organisation, du fait de votre Identité, de votre Personnalité, de votre Singularité.

Marquez votre territoire dès le départ !

Oui, des incidents pourront jalonner cette étape et cela n'a aucune importance !

> Appuyez-vous sur vos valeurs et sur votre enthousiasme pour marquer votre espace.
> Prenez soin de l'intention que vous poserez : une intention positive et constructive appellera des interactions positives et constructives.
> Mettez votre intégrité à contribution !
> Affirmez-Vous !

Les salariés vont apprendre à vous connaître, ils vont se familiariser à votre Personnalité, ils vont comprendre puis s'approprier votre Vision et vos Directives et ils vont s'engager à vos côtés dans l'atteinte des nouveaux Objectifs.

Ils vont à votre contact, foncièrement changer leurs habitudes.

Prévenez-les !

Chaque personne aura sa propre réaction et s'adaptera à sa manière à la nouvelle Politique de l'Entreprise.

Le temps d'adaptation de chaque personne à votre management, variera en fonction de chacun.

Observez et portez une attention particulière aux réactions et comportements de vos salariés : tous n'auront pas les mêmes besoins !

Prenez vraiment cette situation, ce temps, en considération et accompagnez le changement que vous imposez aux femmes et aux hommes qui vous entourent désormais.

Le bien-être que chacun ressentira sur son lieu de travail constituera une mine d'enthousiasme et de joie que chacun aimera mettre non seulement à son propre service mais aussi au service de son Entreprise.

Tout individu pour vivre serein a besoin d'Amour et de Reconnaissance : accordez-les sans compter et vous verrez, votre Affaire sera florissante.

Osez cette possibilité, vous risquez au pire de réussir, au mieux de rendre vos Salariés heureux et fiers d'appartenir à une Entreprise prospère et abondante.

La manière dont vous vous exprimerez, à travers votre comportement verbal et non verbal, conditionnera la qualité des interactions durant la transition et surtout qualifiera les espaces de confiance pour chacun de vos employés.

Et la confiance sera votre gage de réussite à l'atteinte des Objectifs !

Ce chapitre des Cent Jours fera l'objet de notre prochain ouvrage, dans lequel vous découvrirez la manière dont vous :

Poserez les fondations de votre Affaire
Accompagnerez l'Activité par les Tableaux de Bord de Suivi
Lancerez et mettrez votre Entreprise sur des rails solides et pérennes.

Temps 06 : A ce stade, où en êtes-vous par rapport à votre projet ?

Je ne sais pas où j'en suis..............☹-1-2-3-4-5-6-7-8-9-☺

Je ne peux pas imaginer mon projet.☹-1-2-3-4-5-6-7-8-9-☺

J'ai l'intention de le réaliser...........☹-1-2-3-4-5-6-7-8-9-☺

Comment puis-je le réaliser.............☹-1-2-3-4-5-6-7-8-9-☺

Je veux le réaliser.....…...……......☹-1-2-3-4-5-6-7-8-9-☺

Je peux le faire ....☹-1-2-3-4-5-6-7-8-9-☺

Je vais le faire...…....................☹-1-2-3-4-5-6-7-8-9-☺

J'ai atteint mon objectif..............☹-1-2-3-4-5-6-7-8-9-☺

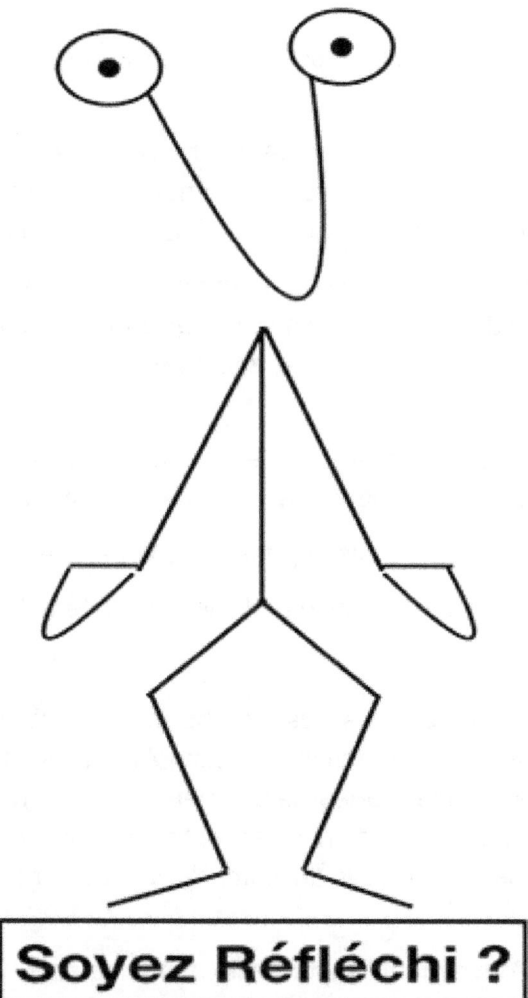

Soyez Réfléchi ?

CONCLUSION

Identifier un besoin, ressentir une envie, oser concrétiser un rêve.

LE Guide des Entrepreneurs, nous l'avons écrit pour vous offrir ce dont vous pourriez avoir besoin pour réaliser qui vous êtes : un futur Chef d'Entreprise.

Définir votre objectif vous a permis de vous libérer : vous avez relié vos aspirations à la réalité et vous avez défini votre plan d'actions pour atteindre votre objectif, avec détermination.

Vous venez de réaliser l'objectif dans la poursuite duquel vous vous étiez engagé, avec force motivation.

Vous voilà désormais engagé dans votre changement !

Ce changement favorisé et distillé par l'interaction !

L'interaction ?!!

En fait, nous aurions très bien pu rester dans notre coin à deviser sur nos actions personnelles, à échanger nos trucs et astuces, à les garder rien que pour nous et ne surtout pas partager nos ressentis, ne pas écouter nos émotions et au bout du compte ne pas être qui nous sommes !

Il se trouve que l'importance des moments vécus en situation de reprise d'une Affaire est tellement prégnante qu'elle nous a poussés à par (par) - toi (ta) - j'ai (ger).

Nous avions le choix de nous centrer sur nos interactions sur des éléments isolés. Nous avons choisi de nous centrer sur nos interactions sur des éléments appartenant à un système, c'est-à-dire en les reliant entre eux, afin d'avoir une vision globale d'une acquisition d'Affaire, du moment où jaillit l'idée jusqu'à la signature et la remise des clés.

Du coup, au lieu de se poster en dealer de la communication interhumaine (j'ai, tu as, je te prends, tu me reprends), l'interaction s'est imposée en leader de notre communication, ce qui a tout a changé !

Je partage ce que je sais et tu me partages ce que tu sais et nous créons des connexions multiples.

Vous l'aurez compris, nous avons choisi une approche systémique, basée sur une manière de voir et de penser l'acquisition d'une Entreprise.

Désormais Chef d'Entreprise, vous faites face à des choix et vous vous interrogez sur la suite que vous envisagez :

> Comment comptez-vous appréhender votre changement ?
> Quelles sont vos aspirations ?
> Quelles sont vos valeurs ?
> Comment comptez-vous partager ?
> Quelle vision alimentez-vous de votre Entreprise à moyen et à long terme ?

Apprenez, entraînez-vous et visez l'excellence dans l'art de la conversation, notamment sur des sujets difficiles qui mettent en jeu vos émotions et vos valeurs profondes, en toutes circonstances et devant qui que ce soit !

Préparez-vous à penser et à vivre votre engagement de Chef d'Entreprise.

Notes

L'ANNEXE DES EXPERTS

Maintenant que vous avez parcouru cet ouvrage avec assiduité et motivation, nous vous proposons de reporter ci-dessous vos résultats du Temps 01 et ceux du Temps 06.

Le principe de cette évaluation est de mettre en évidence et de porter à votre conscience la manière dont vous avez fait évoluer votre État Émotionnel.

Votre État Émotionnel prend en compte votre motivation de vouloir passer à l'action et votre capacité de vouloir y arriver.

Cet indicateur de suivi vous permet de mesurer en conscience l'évolution de vos comportements à travers la lecture de cet ouvrage.

Restez serein ! Il n'y a pas de bonnes ou de mauvaises réponses, il y a simplement des réponses exprimées : les vôtres, qui ne concernent que Vous.

Les graphiques que vous obtenez au fil de votre lecture sont des indicateurs qui vous indiquent votre évolution tout au long de votre projet de reprise d'Affaire.

Temps 01 : A ce stade, où en êtes-vous par rapport à votre projet ?

Je ne sais pas où j'en suis...............☹-1-2-3-4-5-6-7-8-9-☺

Je ne peux pas imaginer mon projet.☹-1-2-3-4-5-6-7-8-9-☺

J'ai l'intention de le réaliser............☹-1-2-3-4-5-6-7-8-9-☺

Comment puis-je le réaliser............☹-1-2-3-4-5-6-7-8-9-☺

Je veux le réaliser.....…..…….......☹-1-2-3-4-5-6-7-8-9-☺

Je peux le faire ....☹-1-2-3-4-5-6-7-8-9-☺

Je vais le faire..........................☹-1-2-3-4-5-6-7-8-9-☺

J'ai atteint mon objectif...............☹-1-2-3-4-5-6-7-8-9-☺

Temps 06 : A ce stade, où en êtes-vous par rapport à votre projet ?

Je ne sais pas où j'en suis...............☹-1-2-3-4-5-6-7-8-9-☺

Je ne peux pas imaginer mon projet.☹-1-2-3-4-5-6-7-8-9-☺

J'ai l'intention de le réaliser............☹-1-2-3-4-5-6-7-8-9-☺

Comment puis-je le réaliser............☹-1-2-3-4-5-6-7-8-9-☺

Je veux le réaliser.....…..…….......☹-1-2-3-4-5-6-7-8-9-☺

Je peux le faire ....☹-1-2-3-4-5-6-7-8-9-☺

Je vais le faire..........................☹-1-2-3-4-5-6-7-8-9-☺

J'ai atteint mon objectif...............☹-1-2-3-4-5-6-7-8-9-☺

REMERCIEMENTS

Nous remercions La Vie pour son Abondance et pour sa Générosité.

La Vie nous a offert un merveilleux cadeau : le Temps !

Ce Temps, nous l'avons à dessein, transformé en précieux moments d'échanges constructifs dont le fruit est entre vos mains, sous vos yeux, à votre appréciation.

Véritable allié au cours de ces derniers mois, le Temps nous a permis d'écrire en temps réel les phases d'une reprise d'Affaire réussie.

Nous remercions nos Conjoints et nos Enfants respectifs.

Ils nous ont accordé la possibilité de gérer librement et sereinement notre Temps : le Temps de réfléchir, le Temps de rédiger, le Temps de confronter nos idées, le Temps d'asseoir nos positions, le Temps de nous accorder, le Temps d'accoucher de cet ouvrage pratique.

Nous remercions A.Favris, J.Hivert, G.Treuil, J.Puleo, G.Giraud, F.Martin, S&A.Roche, C.Lebrard, A.Languille.

Ils nous ont inspirés, guidés, façonnés, à des moments charnières de notre vie. Leurs expériences, leur charisme, leur écoute et leur bienveillance ont été moteurs dans notre propre réalisation.

Nous vous remercions, vous, lecteurs et futurs repreneurs d'Affaire, qui prenez le Temps de lire ce précieux Guide.

Nous vous remercions tous de l'intérêt suscité pour ce travail réalisé avec Harmonie, Joie, Enthousiasme et Amour.

« Que votre dynamique soit porteuse d'énergie positive et constructive !

Que cette énergie positive et constructive soit toujours empreinte d'Humanité, vraiment !

Puissiez-vous vivre le meilleur dans votre nouveau Chapitre de Vie !

Soyez déterminé, Osez et Croyez en vous : Créez votre propre Légende ! »

STARE©

LE Guide des Entrepreneurs reste votre compagnon de route qui vous accompagnera tout au long de votre formation en ligne. Rejoignez-nous sur le site : www.commentreprendreuneentreprise.com ou sur notre page www.facebook.com/leguidedesentrepreneurs/

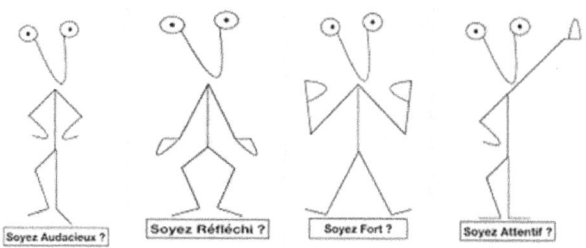